해 봐!

하루 10분

왕초보

베트남어

베트남에서 꼭 가 봐야 할 곳!

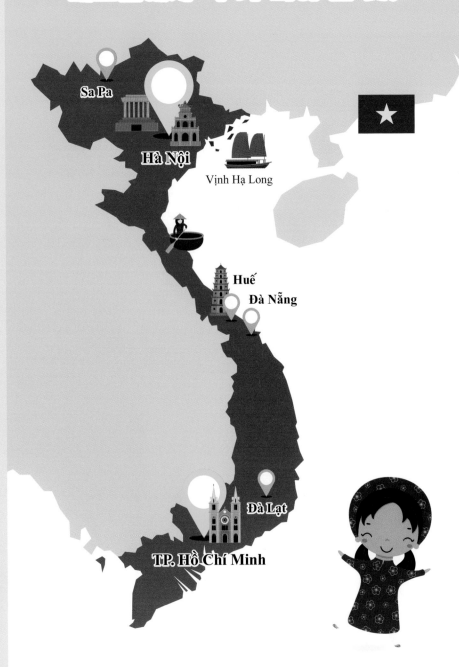

Sa Pa

Hà Nội

Vịnh Hạ Long

Huế

Đà Nẵng

Đà Lạt

TP. Hồ Chí Minh

머리말

　최근 우리 정부가 추진 중인 신남방 정책의 중심지이자 포스트 차이나의 대안으로 베트남이 급부상하고 있습니다. 우리 사회 내부적으로는 베트남 다문화 가정의 비율이 나날이 높아지고 있습니다. 그래서인지 최근 베트남어 학습에 대한 관심은 가히 최고조에 달한 것 같습니다.

　베트남어는 낱말의 의미와 어순이 문법적 규칙을 대신하고 문장 표현의 기본이 되는 언어입니다. 낱말의 다양한 용례를 알수록 표현이 자유로워지기 때문에, 알고자 하는 만큼 보이고, 보이는 만큼 활용이 가능하고, 입을 열고 활용하다 보면 어느새 '내 것'이 되는 언어라고 할 수 있습니다. 이 책은 이러한 베트남어의 특징을 반영하여 초보 학습자들이 흥미를 잃지 않고 완독할 수 있도록 학습 방법을 최대한 단순히 하고, 쉽고 다양한 표현들로 구성하였습니다. 일상생활에서 유용한 여러 상황을 제시하고, 그에 적합한 어휘와 표현을 반복적, 점층적으로 노출시켜 자연스럽게 익힐 수 있도록 만들었습니다. 또한 베트남이라는 나라 자체에 대한 이해를 돕고자 다양한 사진 자료와 문화 이야기를 덧붙여서 흥미를 유발하려고 노력하였습니다. 모쪼록 이 교재가 여러분의 호기심을 충족시키고 나아가 베트남어에 대한 이해와 활용에 도움이 되기를 바랍니다.

　책의 출판을 위해 지원해 주신 랭기지플러스 엄태상 대표님과 양승주 과장님께 깊은 감사의 말을 전합니다. 교재 전체를 검토하고 녹음 작업에 참여해 주신 류티씽(Lưu Thị Sinh) 선생님과 녹음 작업에 함께 참여해 주신 팜쑤언박(Phạm Xuân Bắc) 선생님께도 감사드립니다. 세 명의 저자가 의견을 나누며 정리한 바를 하나하나 엮은 결과물인 본 교재가 모쪼록 여러분에게 온전히 잘 전달되기를 바랍니다. 마지막으로 늘 한결같은 마음으로 지켜봐주시는 가족들에게도 감사의 말을 전합니다.

저자 일동

이 책의 100% 활용법

베트남어로 말을 할 수 있다면…

언어를 학습하는 가장 큰 이유는 그 언어로 말을 하고 싶어서이겠지요. 베트남에 놀러가게 된다면 베트남어로 내 이름 소개도 해보고 싶고, 식당에서 주문 한마디 해보고 싶을 거예요. 이런 기대감을 품고 베트남어 책을 집어 들지만 복잡한 문법 공부에 지쳐 말 한마디 구사할 줄 모른 채 책을 덮어버리는 경우가 많이 있죠? 이런 여러분들을 위해 <해 봐! 하루 10분 왕초보 베트남어>가 세상에 나왔습니다. 가볍고 재미있게 시작하세요. 한 문장씩 천천히 따라하며 익히다 보면 자연스럽게 문법 체계가 이해되고 나도 베트남어로 말할 수 있다는 자신감을 갖게 될 거예요. 여러분의 베트남어 학습을 응원합니다. 준비하시고, 따라오세요!

베트남어를 공부한다면 꼭 알아야 할 8가지

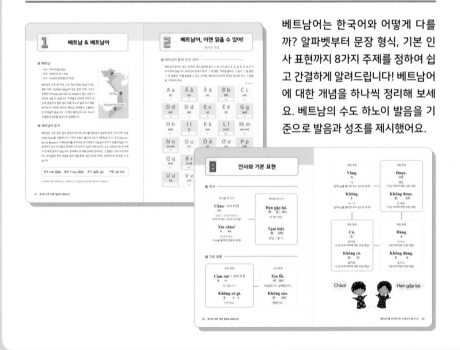

베트남어는 한국어와 어떻게 다를까? 알파벳부터 문장 형식, 기본 인사 표현까지 8가지 주제를 정하여 쉽고 간결하게 알려드립니다! 베트남어에 대한 개념을 하나씩 정리해 보세요. 베트남의 수도 하노이 발음을 기준으로 발음과 성조를 제시했어요.

하루 10분 플랜으로 입에서 바로 나오는 베트남어

2분 초간단 개념 잡기

là 라 는 '~이다'의 의미예요. 평서문 어순은 '주어 + 동사/형용사'(주어는 동사/형용사 하다) 이지만, 주어 다음에 명사가 올 때는 '주어 + là 라 + 명사'(주어는 명사이다)형태를 사용해요. là 라 뒤에 이름, 국적, 직업 등을 넣어 나를 소개할 수 있어요.

Em **là** **Mi-na**
앰 라 미나
저(동생)는 ~이다 미나

2분 입에서 바로 나오는 문장 말하기 🔊 4-1

Em là sinh viên.
앰 라 씽 비엔
저(동생)는 대학생이에요.

Chị là nhân viên công ti.
찌 라 년 비엔 꽁 띠
나(누나/언니)는 회사원이야.

Anh là người Hàn Quốc.
아잉 라 응어이 한 꿕
나(형/오빠)는 한국 사람이야.

3분 회화로 응용하기 🔊 4-2

là 라 를 사용하여 자신을 소개하는 표현을 연습해 봅시다.

Em là _____. Còn anh?
앰 라 꼰 아잉
저는 ~이에요. 오빠는요?

Anh là _____.
아잉 라
나는 ~이야.

1 Mi-na [미나] 미나
2 sinh viên [씽 비엔] 대학생
3 nhân viên công ti [년 비엔 꽁 띠] 회사원

1 Tuấn [뚜언] 뚜언
2 giáo sư [자오 쓰] 교수
3 bác sĩ [박 씨] 의사

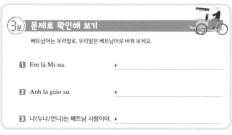

3분 문제로 확인해 보기

베트남어는 우리말로, 우리말은 베트남어로 바꿔 보세요.

1 Em là Mi-na. ▶ _____

2 Anh là giáo sư. ▶ _____

3 나(누나/언니)는 베트남 사람이야. ▶ _____

STEP 1

2분으로 초간단 개념 잡기
개념은 간단하고 쉽게!
오늘 배울 문장의 구성을
익혀 보세요.

STEP 2

2분으로 문장 말하기
배운 개념을 응용하여
한 문장씩 소리 내어
읽어 보세요.

STEP 3

3분으로 회화로 응용하기
오늘 배운 문장이 실제로
회화에선 어떻게 적용되는지
연습해 보세요.
본문의 베트남어 학습 부분은
원어에 해당하는
한글 독음을 달았어요.
예 Hồ Chí Minh [호찌민]

STEP 4

3분으로 문제로 확인하기
오늘 배운 문장을 잊지 않도록
다시 한번 확인해 보세요.

배운 내용을 잊지 않도록 도와주는 리뷰 페이지

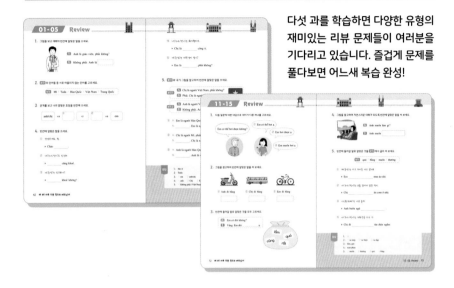

다섯 과를 학습하면 다양한 유형의 재미있는 리뷰 문제들이 여러분을 기다리고 있습니다. 즐겁게 문제를 풀다보면 어느새 복습 완성!

문화를 알면 언어가 보인다! 베트남 관련 정보

베트남어를 한글로 우선 표기하고 괄호 안에 원어를 넣었어요.
베트남어의 한글 표기는 국립국어원 외래어 표기법에 따랐습니다.

예 호찌민(Hồ Chí Minh)

회화 문장을 직접 써보는 쓰기 노트

별책 부록 으로 구성한
쓰기 노트에 학습한 패턴 문장을
직접 써 보면서 완벽하게
이해해 보세요.

동영상 강의 바로 가기

다양한 학습 자료 활용법

음원

www.sisabooks.com/langpl
랭기지플러스 홈페이지에서
MP3 다운받아 듣기

콜롬북스 앱에서
해 봐! 하루 10분 왕초보 베트남어를
검색해서 듣기

동영상 강의

www.sisabooks.com/langpl
랭기지플러스 홈페이지에서 바로 보기

유튜브에서
해 봐! 하루 10분
왕초보 베트남어를
검색해서 보기

목 차

PART 01 해 봐! 인사/안부!

PART 02 해 봐! 나의 일상 이야기!

PART 03　해 봐! 이럴 때는 이렇게!

PART 04   해 봐! 숫자를 이용해서 이렇게!

PART 05 해 봐! 궁금한 것들 물어보기!

베트남어를 공부한다면 꼭 알아야 할 8가지

베트남 & 베트남어

✔ 베트남

- 수도 : 하노이(Hà Nội)
- 면적 : 한반도의 약 1.5배
- 인구 : 96,208,984명(2019년)

베트남은 크게 세 지역, 수도 하노이(Hà Nội)가 있는
북부 지역, 다낭(Đà Nẵng)이 있는 중부 지역, 그리고
호찌민시(Thành phố Hồ Chí Minh)가 있는 남부 지
역으로 나눌 수 있습니다. 지역별로 언어의 차이가 있
는데, 방송이나 음반 등이 보통 하노이 말로 되기 때문
에 하노이 지역의 언어는 베트남 전역에서 소통하는
데 어려움이 없습니다. 이 책은 베트남의 수도 하노이
의 발음과 성조를 중심으로 설명합니다.

✔ 베트남어 문자

베트남은 고유 문자 없이 중국의 한자와, 한자를 베트남어 음운에 맞게 고쳐 만든 쯔놈
(Chữ Nôm)을 사용하다가 17세기 프랑스 출신의 선교사 "알렉상드르 드 로드(Alexan-
dre de Rhodes)"가 베트남어를 로마자로 표기하면서 오늘날의 문자가 만들어졌습니다.
한국어가 순수 우리말과 한자에서 온 단어가 있듯이 베트남어도 순수 베트남어와 한자에
서 온 베트남어가 있습니다. 한자에서 온 베트남어와 한국어는 그 발음도 서로 비슷하여
어느 한 낱말의 한자 개념을 알면 이를 통해 다른 단어의 의미도 연쇄적으로 유추할 수 있
습니다.

한국 Hàn Quốc   중국 Trung Quốc   국가 quốc gia   가정 gia đình

＊국명과 지명, 인명과 같은 고유명사는 각 음절의 첫 글자를 대문자로 표기합니다.

베트남어, 이젠 읽을 수 있어!

문자와 발음

✅ 베트남어 문자 완전 정복!

베트남어 문자는 모두 29개로, 영어 알파벳 중 F, J, W, Z가 없고 Ă, Â, Đ, Ê, Ô, Ơ, Ư가 추가되어 있습니다. 외국인이 한국어 문자 'ㄱ'의 명칭 '기역'을 몰라도 그 음가 'ㄱ'을 알면 'ㅏ'와 결합한 '가'를 발음할 수 있는 것처럼, 베트남어 문자의 명칭은 참고로 하고 그 발음을 기억해야 해요.

🎧 intro 1

A a [a] 아	**Ă ă** [á] 아	**Â â** [ớ] 어	**B b** [bê] 베	**C c** [xê] 쎄
D d [dê] 제	**Đ đ** [đê] 더	**E e** [e] 애	**Ê ê** [ê] 에	**G g** [giê] 제
H h [hát] 핟	**I i** [i] 이	**K k** [ca] 까	**L l** [e-lờ] 앨러	**M m** [em-mờ] 앰머
N n [en-nờ] 앤너	**O o** [o] 오	**Ô ô** [ô] 오	**Ơ ơ** [ơ] 어	**P p** [pê] 뻬
Q q [qui] 꾸이	**R r** [e-rờ] 애러	**S s** [ét-sì] 앧씨	**T t** [tê] 떼	**U u** [u] 우
Ư ư [ư] 으	**V v** [vê] 베	**X x** [ích-xì] 익씨	**Y y** [i dài] 이 자이	

✅ 베트남어 발음 완전 정복!

베트남어는 문자마다 고유의 음가(발음)가 있어서 일정한 소리를 내지만 일부 예외적인 경우도 있습니다. 아래 발음은 기억하기 편하게 우리말에서 가장 비슷한 소리의 문자로 표기한 것입니다. 정확하게 발음하기 위해서는 반드시 원어민의 발음을 들으면서 익히는 것이 좋습니다! 베트남어는 발음과 성조는 어렵지만 단어와 어순이 쉽다는 특징이 있어요.

베트남어 모음

a [아] 🎧 intro 2
ai 아이 누구 / ba 바 (숫자) 3

ă 짧은 [아] 🎧 intro 3
ăn 안 먹다 / mắt 맏 눈

â 짧은 [어] 🎧 intro 4
dấu 저우 표시, 성조 / mây 머이 구름

e [애] 🎧 intro 5
em 앰 동생 / thẻ 태 카드

ê [에] 🎧 intro 6
dê 제 염소 / đêm 뎀 밤

i [이] 🎧 intro 7
kia 끼어★ 저기 / tai 따이 귀

o [오]+[어] 🎧 intro 8
bò 보 소 / chó 쪼 개

ô [오] 🎧 intro 9
tốt 뚣 좋다 / ốm 옴 아프다

ơ [어] 🎧 intro 10
cơm 껌 밥 / mới 머이 새롭다

u [우] 🎧 intro 11
mua 무어★ 사다 / mũ 무 모자

ư [으] 🎧 intro 12
thư 트 편지 / chưa 쯔어★ 아직

y 긴 [이] 🎧 intro 13
tay 따이 팔 / yêu 예우 사랑하다

★ 모음끼리 결합하는 이중모음의 경우, 'i, u, ư + a'에서 a의 발음은 '어'로 발음합니다.
예외 qua [꽈] 지나가다

베트남어 자음

b [ㅂ]
bà 바 할머니 /
bia 비어 맥주
🎧 intro 14

c [ㄲ] 단어 끝에서 [ㄱ]
cá 까 물고기 /
các 깍 ~들(복수)
🎧 intro 15

ch [ㅉ] 단어 끝에서 [익]
cha 짜 아버지 /
cách 까익 방법
🎧 intro 16

d [ㅈ]
dạ 자 네 / dao 자오 칼
🎧 intro 17

đ [ㄷ]
đĩa 디어 접시 /
đọc 독* 읽다
🎧 intro 18

g [ㄱ]
gà 가 닭 /
gặp 갑 만나다
🎧 intro 19

gh [ㄱ]
ghế 게 의자 /
ghét 갣 싫어하다
🎧 intro 20

gi [지]
gì 지 무엇 /
giấy 저이 종이
🎧 intro 21

h [ㅎ]
hai 하이 (숫자) 2 /
hay 하이 재미있다
🎧 intro 22

k [ㄲ]
kem 깸 아이스크림 /
kính 낑 안경
🎧 intro 23

kh [ㅋ]
khay 카이 쟁반 /
khóc 콕* 울다
🎧 intro 24

l [ㄹ]
lợn 런 돼지 /
lòng 롱** 마음
🎧 intro 25

m [ㅁ]
🎧 intro 26
mồm 몸 입 /
muốn 무온 원하다

n [ㄴ]
🎧 intro 27
nón 논 논(베트남 전통 모자) / núi 누이 산

ng [응] 단어 끝에서 [ㅇ]
🎧 intro 28
ngàn 응안 (숫자) 천 /
mang 망 지니다

ngh [응]
🎧 intro 29
nghìn 응인 (숫자) 천 /
nghĩa 응이어 의미

nh [니] 단어 끝에서 [잉]
🎧 intro 30
nhà 냐 집 /
anh 아잉 형/오빠

p [ㅃ] 단어 끝에서 [ㅂ]
🎧 intro 31
piano 삐아노 피아노 /
gặp 갑 만나다

ph 영어 [f]
🎧 intro 32
phở 퍼 퍼(쌀국수) /
phim 핌 영화

q [ㄲ]
🎧 intro 33
quà 꽈 선물 /
quê 꿰 시골

r [ㅈ]
🎧 intro 34
rau 자우 채소 /
rưỡi 즈어이 절반

s [ㅆ]
🎧 intro 35
sao 싸오 별 /
sáu 싸우 (숫자) 6

t 🎧 intro 36

[ㄸ] 단어 끝에서 [ㄷ]
tuổi 뚜오이 나이 /
tuyết 뚜엗 눈

th 🎧 intro 37

[ㅌ]
thư 트 편지 /
thịt 틷 고기

tr 🎧 intro 38

[ㅉ]
trà 짜 차 /
trong 쫑 ** 안

v 🎧 intro 39

영어 [v]
vé 배 표 /
vui 부이 즐겁다

x 🎧 intro 40

[ㅆ]
xấu 써우 나쁘다 /
xinh 씽 예쁘다

★ 모음 o, ô, u + c

앞에 모음 o, ô, u가 오면 'c'를 받침 'ㄱ'으로 발음한 후 입을 닫아 'ㅂ'으로 끝나는
것처럼 발음합니다.

예 học [혹 → 홉]

★★ 모음 o, ô, u + ng

앞에 모음 o, ô, u가 오면 'ng'를 받침 'ㅇ'으로 발음한 후 입을 닫아 'ㅁ'으로 끝나는
것처럼 발음합니다.

예 ông [옹 → 옴]

베트남어 성조

✓ 베트남어는 6개의 성조가 있고, 단어의 모음(모음이 여러 개일 때는 중심 모음)의 위나 아래에 표시합니다. 철자가 같아도 성조가 다르면 의미가 달라지기 때문에 철자와 성조를 꼭 함께 기억해야 합니다! 단어 ma를 사용해서 아래와 같이 6 성조를 표시했습니다.

🎧 intro 41

표기	특징	예
없음	꺾임 없는 평상음이에요	ma, ăn
´	도약하는 상승음이에요	má, có
`	부드럽게 내려요	mà, là
?	힘 있게 내리다가 끝을 살짝 올려요	mả, hỏi
~	꺾이는 상승음이에요	mã, đã
•	짧고 강한 저음이에요	mạ, chị

✓ 성조 쓰기 연습

ma   má   mà   mả   mã   mạ

문자가 같아도 성조가 다르면 의미가 달라지므로 성조에 유의해서 발음해야 해요.

뚜언 번
Tuấn bận. 뚜언은 바빠.
뚜언 바쁘다

뚜언 번
Tuấn bẩn. 뚜언은 지저분해.
뚜언 지저분하다

호칭, 베트남어의 가장 큰 특징!

✓ 베트남어의 가장 큰 특징은 말하는 사람과 상대가 나이와 관계에 따라서 서로의 호칭을 정하고 또 그 호칭을 생략하지 않고 명확히 사용한다는 거예요. 이런 특징은 인사말에서부터 나타나요.

<table>
<tr><td>

짜오 앰
A **Chào em.** 안녕, 동생.
　 안녕 동생

짜오 아잉
B **Chào anh.** 안녕하세요, 형/오빠.
　 안녕 형/오빠

</td><td>

짜오 찌
A **Chào chị.** 안녕하세요, 누나/언니.
　 안녕 누나/언니

짜오 앰
B **Chào em.** 안녕, 동생.
　 안녕 동생

</td></tr>
</table>

호칭을 통해서 서로의 관계와 존댓말, 반말이 명확히 나타나지요.
이제, 베트남 선후배 간의 대화를 한번 볼까요?

선배: 안녕 동생!
후배: 안녕하세요 오빠!
선배: 동생 잘 지내니?
후배: 네. 동생은 잘 지내요. 오빠는요?
선배: 응, 오빠도 잘 지내.

이처럼 아무런 친족관계가 없는 학교나 직장의 선후배와도 오빠, 형, 동생, 큰아버지, 작은아버지, 고모, 조카 등과 같이 그 나이에 따라서 집안 식구에게 사용하는 호칭을 상대와 나 자신에게 사용한답니다. 베트남의 문화를 한마디로 정감의 문화라고 하는데요, 베트남어의 호칭은 베트남 사람의 정감을 잘 나타내 주고 있지요.

그리고 초면인 경우처럼 나이나 관계가 명확하지 않을 때는 상대를 anh[아잉] 또는 chị[찌] 등으로 정중히 부르고 '나'는 tôi[또이]라고 합니다. 이 tôi는 관계성이 배제된 독립적 1인칭이에요. 하지만 베트남 사람은 이 tôi를 거의 사용하지 않아요. 친밀하지 않다는 거예요. 때문에 초면에도 관계를 정하기 위해 나이를 묻는 것이 실례가 되지 않는답니다.

나보다 어려보이는 것
같기도 한데…
일단은 예의바르게…

Chào anh. Tôi…
안녕하세요, 형. 나는…

숫자 / 요일 / 월

✓ 숫자

0	1	2	3	4
không	**một**	**hai**	**ba**	**bốn**
콩	몯	하이	바	본

5	6	7	8	9
năm	**sáu**	**bảy**	**tám**	**chín**
남	싸우	바이	땀	찐

10	11	12	13	14
mười	**mười một**	**mười hai**	**mười ba**	**mười bốn**
므어이	므어이몯	므어이 하이	므어이 바	므어이 본

15	16	17	18	19
mười lăm	**mười sáu**	**mười bảy**	**mười tám**	**mười chín**
므어이 람	므어이 싸우	므어이 바이	므어이 땀	므어이 찐

20	**hai mươi**	21	**hai mươi mốt**
	하이 므어이		하이 므어이몯
22	**hai mươi hai**	23	**hai mươi ba**
	하이 므어이 하이		하이 므어이 바
24	**hai mươi bốn / tư**	25	**hai mươi lăm / nhăm**
	하이 므어이 본/뜨		하이 므어이 람/냠
30	**ba mươi**	100	**một trăm**
	바 므어어		몯 짬
101	**một trăm linh / lẻ một**	1.000	**một nghìn / ngàn**
	몯 짬 링/래 몯		몯 응인/응안

1.001	**một nghìn / ngàn không trăm linh / lẻ một** 몯 응인/응안 콩 짬 링/래몯
1.010	**một nghìn / ngàn không trăm mười** 몯 응인/응안 콩 짬 므어이
1.100	**một nghìn / ngàn một trăm** 몯 응인/응안몯 짬
10.000	**mười nghìn / ngàn** 므어이 응인/응안
100.000	**một trăm nghìn / ngàn** 몯 짬 응인/응안
1.000.000	**một triệu** 몯 쩨우

★ **이것을 주의하세요!**

① 15의 5는 năm이 lăm으로, 25부터 95까지의 5는 năm이 lăm 혹은 nhăm으로 바뀌어요.

② 20부터 90까지의 10은 mười가 mươi로 바뀌어요.

③ 21부터 91까지의 1은 một이 mốt으로 바뀌어요.

④ 20 이상 숫자의 일의 자리가 4일 경우 서수 넷(tư)으로 표기할 수 있어요.

⑤ 십의 자리가 0일 경우 북부는 linh, 남부는 주로 lẻ로 표기해요.

⑥ 백의 자리가 0일 경우 không trăm으로 표기해요.

⑦ 천 단위는 쉼표(,)가 아닌 마침표(.)를 사용해요.

✅ 요일

일요일	월요일	화요일	수요일
chủ nhật	**thứ hai**	**thứ ba**	**thứ tư**
쭈녇	트 하이	트 바	트 뜨

목요일	금요일	토요일
thứ năm	**thứ sáu**	**thứ bảy**
트 남	트 싸우	트 바이

✅ 월

1월	2월	3월
tháng một	**tháng hai**	**tháng ba**
탕 몯	탕 하이	탕 바

4월	5월	6월
tháng tư	**tháng năm**	**tháng sáu**
탕 뜨	탕 남	탕 싸우

7월	8월	9월
tháng bảy	**tháng tám**	**tháng chín**
탕 바이	탕 땀	탕 찐

10월	11월	12월
tháng mười	**tháng mười một**	**tháng mười hai**
탕 므어이	탕 므어이몯	탕 므어이 하이

어순, 베트남어의 최대 장점!

✅ 긴 베트남어가 나와도 놀라지 마세요. 베트남어의 어순은 단순하답니다.

1 피수식어 + 수식어

    화   나이
✓ **Hoa này** 이 꽃
   꽃   이

                    매 꾸어 아잉
              ✓ **Mẹ của anh** 형/오빠의 엄마
                 엄마 ~의 형/오빠

2 주어 + 서술어(동사/형용사)

    아잉   디
✓ **Anh đi.** 형은/오빠는 가.
   형/오빠 가다

                        찌   쾌
              ✓ **Chị khoẻ.** 누나/언니는 건강해.
                 누나/언니 건강하다

3 주어 + 서술어 + 목적어/보어

    앰   안   껌
✓ **Em ăn cơm.**
   동생 먹다 밥
   저(동생)는 밥을 먹어요.

                    아잉   디   꽁띠
              ✓ **Anh đi công ti.**
                 형/오빠 가다   회사
                 형은/오빠는 회사에 가.

✅ 베트남어는 '은, 는, 이, 가' 또는 '을, 를' 등의 조사가 없어요. 문장 속에서 단어의 위치에 따라 자연스럽게 그 역할이 결정됩니다.

    앰   갑   찌   하나
 Em gặp chị Ha-na. 저(동생)는 하나 누나/언니를 만나요.
    동생 만나다 누나/언니 하나

    찌   하나   갑   앰
 Chị Ha-na gặp em. 하나 누나/언니는 저(동생)를 만나요.
    누나/언니 하나   만나다 동생

베트남어 분류사

✅ 의미: 분류사는 명사 앞에 위치하여 그 명사의 종류를 나타내요.
크게 일반적인 무생물 명사에 쓰이는 cái[까이]와 생물 명사에 쓰이는 con[꼰]이 있어요.

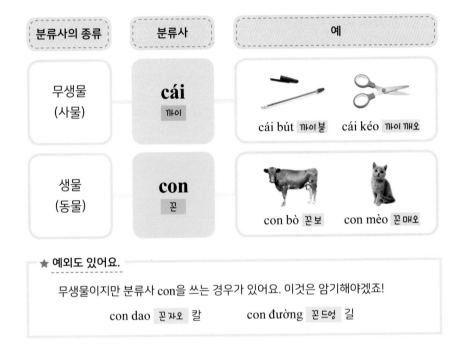

분류사의 종류	분류사	예
무생물 (사물)	cái 까이	cái bút 까이 붇 cái kéo 까이 깨오
생물 (동물)	con 꼰	con bò 꼰 보 con mèo 꼰 매오

★ 예외도 있어요.

무생물이지만 분류사 con을 쓰는 경우가 있어요. 이것은 암기해야겠죠!

con dao 꼰 자오 칼   con đường 꼰 드엉 길

✅ 역할: 분류사는 명사가 어떤 종류임을 한정해 주거나 물건을 셀 때 단위명사의 역할을 해요.

① 어떤 명사를 가리키며 지시사와 같이 쓸 때의 어순은 다음과 같아요.

분류사 + 명사 + 지시사 + 술어

Cái	bút	này	tôt	이 펜이 좋다
까이	붇	나이	똗	
	펜	이	좋다	

그런데, 앞에서 이미 언급한 명사일 경우 '분류사 + 지시사' 형태로만 써도 그 명사를 지칭하는 의미가 돼요.

예 Cái bút này tốt. Tôi mua cái này. (이 펜이 좋아. 나는 이것(펜)을 살 거야.)
까이 붇 나이 똗   또이 무어 까이 나이

② 단위명사의 역할을 할 때 어순은 다음과 같아요.

수사 + 분류사 + 명사
ba   con   mèo   고양이 3 마리
바   꼰   매오

✅ 이제, 다른 다양한 분류사를 알아볼까요?

1 tờ 떠 : 신문(báo 바오), 종이(giấy 저이)류.
단위명사로 쓰일 경우, '~장' 개념.

hai tờ giấy 하이 떠 저이 종이 두 장

2 quyển 꾸옌 / cuốn 꾸온 : 책(sách 싸익), 노트(vở 버)류.
단위명사로 쓰일 경우, '~권' 개념.

một quyển sách 몯 꾸옌 싸익 책 한 권

3 qủa 꽈 / trái 짜이 : 동그란 물체(bóng)류나 과일류.
단위명사로 쓰일 경우, '~개' 개념.

ba qủa chuối 바 꽈 쭈오이 바나나 세 개

★ 북부에서는 quả, 남부에서는 trái를 주로 써요.

인사와 기본 표현

✅ 인사

🎧 intro 42

만났을 때 인사

Chào + 상대 호칭**!**
짜오

안녕! / 안녕하세요!
(헤어질 때도 가능한 인사말)

Xin chào!
씬 짜오

안녕하세요.
(Xin을 붙이면 정중한 표현)

헤어질 때 인사

Hẹn gặp lại.
핸 갑 라이

또 만나(요).

Tạm biệt.
땀 비엩

안녕. / 잘 가.

✅ 기본 표현

감사 표현

Cảm ơn (+ 상대 호칭)**!**
깜 언

감사합니다.

Không có gì.
콩 꼬 지

천만에요.

사과 표현

Xin lỗi.
씬 로이

죄송합니다. / 실례합니다.

Không sao.
콩 싸오

괜찮아요.

대답 표현

Vâng.
벙

네.
(앞에 dạ를 붙이면 보다 공손한 표현)

Không.
콩

아니요.
(앞에 dạ를 붙이면 보다 공손한 표현)

대답 표현

Được.
드억

돼요.
(가능 여부에 대한 긍정 대답)

Không được.
콩   드억

안 돼요.
(가능 여부에 대한 부정 대답)

대답 표현

Có.
꼬

있어요.
(소유/존재 여부에 대한 긍정 대답)

Không có.
콩   꼬

없어요.
(소유/존재 여부에 대한 부정 대답)

대답 표현

Đúng.
둥

맞아요.
(정/오에 대한 긍정 대답)

Không đúng.
콩   둥

맞지 않아요.
(정/오에 대한 부정 대답)

Chào!

Hẹn gặp lại.

PART 01

해 봐!
인사/안부!

Review 01-05

베트남 사람 이름 부르기!

오늘의 **10분 시작!**

01 안녕하세요, 형/오빠.

chào로 인사하기

 초간단 개념 잡기

chào 짜오 는 시간과 상황을 구분하지 않고 사용하는 가장 대표적인 인사말이에요. 보통
'chào 짜오 +상대 호칭' 형태로 사용해요.

Chào	anh
짜오	아잉
안녕	형/오빠

입에서 바로 나오는 문장 말하기 🎧 1-1

Chào em.
짜오   앰

안녕, 동생.

Chào chị.
짜오   찌

안녕하세요, 누나/언니.

 베트남어는 단어의 어미변화가 없이 호칭에 따라서 높임말과 낮춤말이 자연스럽게 구분된답니다.
그리고 호칭을 사용하여 인사하기 때문에 인사말만 들어도 그 관계를 알 수 있어요.

✔ **단어 체크**

anh 아잉 손위 남성(형/오빠) / em 앰 동생 / chị 찌 손위 여성(누나/언니)

3분 회화로 응용하기 🎧 1-2

'chào 짜오 +상대 호칭'을 사용하여 인사하는 표현을 연습해 봅시다.

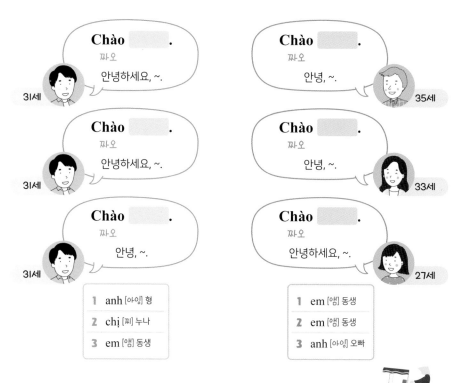

Chào ___ .
짜오
안녕하세요, ~.
31세

Chào ___ .
짜오
안녕, ~.
35세

Chào ___ .
짜오
안녕하세요, ~.
31세

Chào ___ .
짜오
안녕, ~.
33세

Chào ___ .
짜오
안녕, ~.
31세

Chào ___ .
짜오
안녕하세요, ~.
27세

1 anh [아잉] 형	1 em [앰] 동생
2 chị [찌] 누나	2 em [앰] 동생
3 em [앰] 동생	3 anh [아잉] 오빠

3분 문제로 확인해 보기

베트남어는 우리말로, 우리말은 베트남어로 바꿔 보세요.

1 Chào anh. ▶ _____

2 Chào em. ▶ _____

3 안녕하세요, 누나/언니. ▶ _____

오늘의 10분 끝!

02 저는 건강해요.

khoẻ로 자신의 안부 표현하기

초간단 개념 잡기

khoẻ 꽤 는 '건강하다'로, 안부 표현으로 '주어(나) + khoẻ 꽤'(주어(나)는 건강하다)를 사용해요. 이때 상대와의 관계에 따라 주어(나)의 호칭이 변한다는 것을 기억하세요!

Em	khoẻ
앰	꽤
저(동생)는	건강하다

입에서 바로 나오는 문장 말하기   🎧 2-1

Chị khoẻ.
찌　　꽤

나(누나/언니)는 건강해.

Anh khoẻ.
아잉　꽤

나(형/오빠)는 건강해.

💡 우리도 '언니가 해줄게.', '아빠가 도와줄까?'라고 하면 매우 친근하게 느껴지지요? 베트남 사람도 관계에 따라 자신을 '형/오빠, 누나/언니, 동생'이라고 지칭하며 정감을 표현하는 거예요. 처음 만났을 때 관계를 정하기 위해 나이를 묻는 것이 실례가 되지 않는답니다.

✓ 단어 체크

khoẻ 꽤 건강하다

회화로 응용하기

🎧 2-2

khoẻ 꽤 를 사용하여 자신의 안부를 말하는 표현을 연습해 봅시다.

[ ] **khoẻ.**
꽤
~ 건강해요.

31세

[ ] **cũng khoẻ.**
꿍 꽤
나도 건강해.

35세

[ ] **khoẻ.**
꽤
~ 건강해요.

31세

[ ] **cũng khoẻ.**
꿍 꽤
나도 건강해.

33세

[ ] **khoẻ.**
꽤
~ 건강해.

31세

[ ] **cũng khoẻ.**
꿍 꽤
저도 건강해요.

27세

1 Em [앰] 저(동생)
2 Em [앰] 저(동생)
3 Anh [아잉] 나(오빠)

💡 cũng은 '또한, 역시'로
'주어 cũng ~'
(주어 또한 ~하다)로 사용해요.

1 Anh [아잉] 나(형)
2 Chị [찌] 나(누나)
3 Em [앰] 저(동생)

문제로 확인해 보기

베트남어는 우리말로, 우리말은 베트남어로 바꿔 보세요.

1 Em khoẻ.　　　▶ _____

2 Chị khoẻ.　　　▶ _____

3 나(형/오빠)는 건강해.　　　▶ _____

오늘의 10분 끝!

03 당신은 건강하세요?

(có) khoẻ không으로 안부 묻기

2분 초간단 개념 잡기

나의 안부는 '주어(나) + khoẻ 쾌'(주어(나)는 건강하다)이고, 상대의 안부를 묻는 표현은 '주어(상대)+có 꼬 + khoẻ 쾌 + không? 콩'(주어(상대)는 건강한가요?)형태를 사용해요. 이때, có 꼬 는 생략가능해요.

Chị	(có)	khoẻ	không?
찌	(꼬)	쾌	콩
당신(누나/언니)은		건강하다	~한가요(의문표현)?

2분 입에서 바로 나오는 문장 말하기 🎧 3-1

Em (có) khoẻ không?
앰 꼬 쾌 콩

너(동생)는 건강하니?

―――――――――――――――――――――――――

Anh (có) khoẻ không?
아잉 꼬 쾌 콩

당신(형/오빠)은 건강하세요?

💡 '주어(상대) + có + 동사/형용사 + không?'에 대한 긍정 대답은 'Có. 주어(나) + 동사/형용사'로,
부정 대답은 'Không. 주어(나) + không + 동사/형용사' 형태로 표현해요.
(예) Chị có khoẻ không? 당신(누나/언니)은 건강하세요?
- Có. Chị khoẻ. 응. 나는 건강해. - Không. Chị không khoẻ. 아니. 나는 건강하지 않아.

✓ 단어 체크
―――――――――――――――――

không 콩 의문표현, 부정표현

회화로 응용하기 🎧 3-2

(có) khoẻ không? 꼬 쾌 콩 을 사용하여 안부를 묻고 답하는 표현을 연습해 봅시다.

☐ khoẻ không?
쾌 콩
~ 건강하세요?

31세

☐ khoẻ.
쾌
나는 건강해.

33세

☐ khoẻ không?
쾌 콩
~ 건강하세요?

31세

☐ khoẻ.
쾌
나는 건강해.

35세

☐ khoẻ không?
쾌 콩
~ 건강하니?

31세

☐ khoẻ.
쾌
저는 건강해요.

27세

1	Chị [찌] 당신(누나)
2	Anh [아잉] 당신(형)
3	Em [앰] 너(동생)

1	Chị [찌] 나(누나)
2	Anh [아잉] 나(형)
3	Em [앰] 저(동생)

문제로 확인해 보기

베트남어는 우리말로, 우리말은 베트남어로 바꿔 보세요.

1 Chị (có) khoẻ không? ▸ _____

2 Anh (có) khoẻ không? ▸ _____

3 너(동생)는 건강하니? ▸ _____

오늘의 10분 끝!

03 당신은 건강하세요?　37

04

저는 미나예요.

là로 자기 소개하기

 초간단 개념 잡기

là 라 는 '~이다'의 의미예요. 평서문 어순은 '주어 + 동사/형용사'(주어는 동사/형용사 하다) 이지만, 주어 다음에 명사가 올 때는 '주어 + là 라 + 명사'(주어는 명사이다)형태를 사용해 요. là 라 뒤에 이름, 국적, 직업 등을 넣어 나를 소개할 수 있어요.

Em	là	Mi-na
앰	라	미나
저(동생)는	~이다	미나

 입에서 바로 나오는 문장 말하기   🎧 4-1

Em là sinh viên.
앰 라 씽 비엔

저(동생)는 대학생이에요.

Chị là nhân viên công ti.
찌 라 년 비엔 꽁 띠

나(누나/언니)는 회사원이야.

Anh là người Hàn Quốc.
아잉 라 응어이 한 꿕

나(형/오빠)는 한국 사람이야.

✔ 단어 체크

sinh viên 씽비엔 대학생 / nhân viên 년비엔 직원 / công ti 꽁띠 회사 / người 응어이 사람 / Hàn Quốc 한 꿕 한국

là 라 를 사용하여 자신을 소개하는 표현을 연습해 봅시다.

Em là ____. Còn anh?
앰 라   꼰 아잉
저는 ~이에요. 오빠는요?

Anh là ____.
아잉 라
나는 ~이야.

1 Mi-na [미나] 미나	**1** Tuấn [뚜언] 뚜언
2 sinh viên [씽 비엔] 대학생	**2** giáo sư [자오 쓰] 교수
3 nhân viên công ti [년 비엔 꽁 띠] 회사원	**3** bác sĩ [박 씨] 의사
4 người Hàn Quốc [응어이 한 꿕] 한국 사람	**4** người Việt Nam [응어이 비엗 남] 베트남 사람

3분 문제로 확인해 보기

베트남어는 우리말로, 우리말은 베트남어로 바꿔 보세요.

1 Em là Mi-na.   ▶ _____

2 Anh là giáo sư.   ▶ _____

3 나(누나/언니)는 베트남 사람이야. ▶ _____

05

너는 미나가 맞니?

phải không으로 상대방 확인하기

초간단 개념 잡기

phải 파이 는 '맞다, 옳다'로, phải không 파이콩 은 '맞니?, 옳으니?'의 의미예요. là 라 가 있는 문장 '주어 + là 라 + 명사'(주어는 명사이다)의 의문문은 '주어 + là 라 + 명사 + phải không? 파이콩'(주어는 명사인 게 맞니?)의 형태로 표현할 수 있어요.

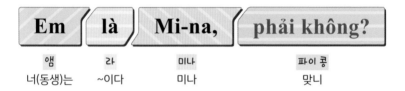

Em	**là**	**Mi-na,**	**phải không?**
앰	라	미나	파이 콩
너(동생)는	~이다	미나	맞니

입에서 바로 나오는 문장 말하기 🔊 5-1

Em là sinh viên, phải không?
앰 라 씽 비엔 파이 콩

너(동생)는 대학생이 맞니?

Anh là bác sĩ, phải không?
아잉 라 박 씨 파이 콩

당신(형/오빠)은 의사가 맞아요?

Chị là người Mĩ, phải không?
찌 라 응어이 미 파이 콩

당신(누나/언니)은 미국 사람이 맞아요?

✔ **단어 체크**

sinh viên 씽 비엔 대학생 / bác sĩ 박 씨 의사 / người 응어이 사람 / Mĩ 미 미국

3분 회화로 응용하기 🎧 5-2

phải không? 파이 콩 을 사용하여 상대방이 누구인지 확인하는 표현을 연습해 봅시다.

> **Em là ___, phải không?**
> 앰 라 파이 콩
> 너는 ~ 맞니?

> **Không phải. Em là ___.**
> 콩 파이 앰 라
> 아니에요. 저는 ~이에요.

1	Mi-na [미나] 미나
2	sinh viên [씽 비엔] 대학생
3	bác sĩ [박 씨] 의사
4	người Trung Quốc [응어이 쭝 꿕] 중국 사람

1	Mai [마이] 마이
2	y tá [이 따] 간호사
3	giáo viên [자오 비엔] 교사
4	người Việt Nam [응어이 비엗 남] 베트남 사람

 'phải không?'(맞니?)에 대한 부정 대답은 Không phải.(맞지 않다)로 해요.
그리고 긍정 대답은 phải(맞아)로 해요.

3분 문제로 확인해 보기

베트남어는 우리말로, 우리말은 베트남어로 바꿔 보세요.

1 Em là Mi-na, phải không? ▶ _____

2 Anh là bác sĩ, phải không? ▶ _____

3 당신(누나/언니)은 중국 사람이 맞나요? ▶ _____

01-05 Review

1/ 그림을 보고 대화의 빈칸에 알맞은 말을 쓰세요.

A Anh là giáo viên, phải không?

B Không phải. Anh là [   ].

2/ 보기의 단어들 중 서로 어울리지 않는 단어를 고르세요.

보기 Mĩ / Tuấn / Hàn Quốc / Việt Nam / Trung Quốc

3/ 관계를 보고 나의 알맞은 호칭을 빈칸에 쓰세요.

anh/chị ↔ [1   ]   나   [2   ] ↔ em

4/ 빈칸에 알맞은 말을 쓰세요.

1 안녕하세요, 형.

▶ Chào _____ .

2 나(누나/언니)도 건강해.

▶ _____ cũng khoẻ.

3 너(동생)는 건강하니?

▶ _____ khoẻ không?

4 나(누나/언니)는 회사원이야.

▶ Chị là _____ công ti.

5 너(동생)는 대학생이 맞니?

▶ Em là _____, phải không?

5 / 보기 와 국기 그림을 참고하여 빈칸에 알맞은 말을 쓰세요.

보기1
A Chị là người Việt Nam, phải không?
B Phải. Chị là người <u>Việt Nam</u>.

보기2
A Anh là người Việt Nam, phải không?
B <u>Không phải</u>. Anh là người <u>Hàn Quốc</u>.

1 A: Em là người Hàn Quốc, phải không?
B: _____. Em là người _____.

2 A: Chị là người Mĩ, phải không?
B: _____. Chị là người _____.

3 A: Anh là người Hàn Quốc, phải không?
B: _____. Anh là người _____.

1 / bác sĩ
2 / Tuấn
3 / ① em   ② anh/chị
4 / ① anh   ② Chị   ③ Em   ④ nhân viên   ⑤ sinh viên
5 / ① Không phải / Việt Nam   ② Phải / Mĩ   ③ Không phải / Trung Quốc

베트남 사람 이름 부르기!

이제부터는 우리가 만나는 베트남 사람의 이름을 친밀하면서도 예의바르게 불러 볼까요? 베트남 사람의 이름은 Nguyễn Văn Tuấn 처럼 보통 세 부분으로 되어 있어요.

응웬   반   뚜언

Nguyễn Văn Tuấn

성   중간이름   끝이름

맨 앞의 Nguyễn(응웬)은 성이고 아버지의 성을 따릅니다. Văn(반)은 중간이름 인데, 이렇게 가운데 이름이 Văn(반)인 사람은 모두 남성입니다. 누군가의 명함을 봤는데 ＿＿＿＿ Văn ＿＿＿＿ 처럼 중간이름이 Văn(반)이면, '아, 이 사람은 남성이구나!'하고 생각하시면 돼요. 만약 중간이름에 Thị(티)가 있으면 이 사람은 여성입니다. 그리고 Tuấn(뚜언)은 끝이름인데, 베트남 사람은 상대를 부를 때 바로 이 끝이름을 부른답니다. 그러니까 우리가 보통 뚜언 형, 뚜언 오빠라고 부를 때에는 anh Tuấn(아잉 뚜언) 이렇게 끝 이름만 부르는 거예요.

그리고 조금 떨어져 있는 사람을 부를 때, 우리도 '세호 형아!' 또는 '세호야!'라고 하는 것처럼 베트남어도 '∼야'에 해당하는 ơi(어이)를 붙여서, Anh Tuấn ơi!(아잉 뚜언 어이) 또는 Tuấn ơi!(뚜언 어이) 라고 합니다.

자 그럼 이제 베트남 사람을 불러볼까요?

PART
02

해 봐! 나의
일상 이야기!

06 나는 대학생이 아니야.

không phải là로 부정문 말하기

2분 초간단 개념 잡기

là 라 의 부정 표현은 không phải là 콩파이라 예요. '나는 명사가 아니다'라고 표현하고 싶을 때는 '주어(나) + không phải là 콩파이라 + 명사' 형태를 사용해요.

Anh	**không phải là**	**sinh viên**
아잉	콩 파이 라	씽 비엔
나(형/오빠)는	~이/가 아니다	대학생

2분 입에서 바로 나오는 문장 말하기 🎧 6-1

Chị không phải là Mi-na.
찌　콩　파이 라　미나

나(누나/언니)는
미나가 아니야.

Anh không phải là giáo viên.
아잉　콩　파이 라　자오 비엔

나(형/오빠)는
교사가 아니야.

Em không phải là người Nhật Bản.
앰　콩　파이 라　응어이　녇　반

저(동생)는 일본 사람이
아니에요.

✔ 단어 체크

không 콩 아니다(부정어) / sinh viên 씽비엔 대학생 / giáo viên 자오 비엔 교사, 선생님 / người 응어이 사람
/ Nhật Bản 녇반 일본

3분 회화로 응용하기　　　　　　🎧 6-2

không phải là 콩파이라 를 사용하여 부정문 표현을 연습해 봅시다.

Anh là ＿＿＿, phải không?
아잉 라　　　　　　파이 콩
오빠는 ~이/가 맞나요?

Anh không phải là ＿＿＿.
아잉 콩 파이 라
나는 ~이/가 아니야.

Anh là ＿＿＿.
아잉 라
나는 ~야.

1 sinh viên [씽 비엔] 대학생	1 bác sĩ [박 씨] 의사
2 giáo viên [자오 비엔] 교사	2 kĩ sư [끼 쓰] 엔지니어
3 người Nhật Bản [응어이 녇 반] 일본 사람	3 người Việt Nam [응어이 비엗 남] 베트남 사람
4 người Hàn Quốc [응어이 한 꿕] 한국 사람	4 người Mĩ [응어이 미] 미국 사람

3분 문제로 확인해 보기

베트남어는 우리말로, 우리말은 베트남어로 바꿔 보세요.

1 Anh không phải là sinh viên.　▶ ＿＿＿＿＿＿＿＿＿＿

2 Em không phải là người Nhật Bản. ▶ ＿＿＿＿＿＿＿＿＿＿

3 나(누나/언니)는 엔지니어가 아니야.　▶ ＿＿＿＿＿＿＿＿＿＿

오늘의 **10분** 끝!

나는 베트남어를 공부해.

học으로 공부하고 있는 것 말하기

2분 초간단 개념 잡기

học 혹 은 '공부하다'라는 뜻의 동사로, 뒤에 구체적인 학습내용을 붙여서 내가 공부하고 있는 것을 표현할 수 있어요.

Anh	**học**	**tiếng Việt**
아잉	혹	띠엥 비엩
나(형/오빠)는	공부한다	베트남어

💡 언어명은 'tiếng(소리, 언어) + 국명'으로 표현해요.
  tiếng Hàn (Quốc) 한국어 / tiếng Anh 영어 / tiếng Pháp [팝] 프랑스어

2분 입에서 바로 나오는 문장 말하기   7-1

Anh học tiếng Hàn.
아잉 혹 띠엥 한

나(형/오빠)는 한국어를 공부해.

Em học tiếng Anh.
앰 혹 띠엥 아잉

저(동생)는 영어를 공부해요.

Chị học lịch sử.
찌 혹 릭 쓰

나(누나/언니)는 역사를 공부해.

✓ 단어 체크

học 혹 공부하다 / tiếng Việt 띠엥 비엩 베트남어 / tiếng Hàn 띠엥 한 한국어 / tiếng Anh 띠엥 아잉 영어 / lịch sử 릭쓰 역사

3분 회화로 응용하기

🎧 7-2

học 혹 을 사용하여 무엇을 공부하는지 묻고 답하는 표현을 연습해 봅시다.

Anh học *gì?
아잉 혹 지
오빠는 무엇을 공부해요?

Anh học ____.
아잉 혹
나는 ~ 을/를 공부해

★ gì[지]는 '무엇', '무슨'이라는 뜻의 의문사예요.

1	tiếng Việt [띠엥 비엣] 베트남어
2	lịch sử [릭 쓰] 역사
3	tiếng Trung (Quốc) [띠엥 쯩 (꾝)] 중국어
4	điện tử học [디엔 뜨 혹] 전자학

3분 문제로 확인해 보기

베트남어는 우리말로, 우리말은 베트남어로 바꿔 보세요.

1 Anh học tiếng Việt. ▶ _____

2 Em học lịch sử. ▶ _____

3 나(누나/언니)는 중국어를 공부해. ▶ _____

오늘의 10분 끝!

07 나는 베트남어를 공부해. 51

08 나는 서울에 살아.

sống ở로 사는 곳 말하기

2분 초간단 개념 잡기

ở 어 는 '~에서'의 뜻으로 위치를 표현할 때 사용해요. '살다'라는 의미인 sống 쏭 과 함께 써서 어디에 살고 있는지 말할 수 있어요.

Anh	sống ở	Seoul
아잉	쏭 어	서울
나(형/오빠)는	~에 산다	서울

2분 입에서 바로 나오는 문장 말하기 🔊 8-1

Anh sống ở chung cư.
아잉 쏭 어 쭝 끄

나(형/오빠)는
아파트에 살아.

Em sống ở trung tâm thành phố.
앰 쏭 어 쭝 떰 타잉 포

저(동생)는 도시 중심부에
살아요.

Chị sống ở đường Hai Bà Trưng.
찌 쏭 어 드엉 하이 바 쯩

나(누나/언니)는
하이 바 쯩 거리에 살아.

✓ 단어 체크

sống 쏭 살다 / ở 어 ~에(서) / chung cư 쭝끄 아파트 / trung tâm 쭝떰 중심, 센터 / thành phố 타잉포 도시 / đường 드엉 거리, 길

3분 회화로 응용하기

🎧 8-2

sống ở 쏭어 를 사용하여 사는 곳을 묻고 답하는 표현을 연습해 봅시다.

Anh sống ở *đâu?
아잉 쏭 어 더우
오빠는 어디에 살아요?

Anh sống ở ____ .
아잉 쏭 어
나는 ~에 살아.

★ đâu[더우] 어디(의문사)

1	Seoul [서울] 서울
2	chung cư [쭝 끄] 아파트
3	thành phố [타잉 포] 도시
4	nông thôn [농 톤] 농촌
5	kí túc xá [끼 뚝 싸] 기숙사

3분 문제로 확인해 보기

베트남어는 우리말로, 우리말은 베트남어로 바꿔 보세요.

1 Anh sống ở Seoul. ▶ _____

2 Em sống ở chung cư. ▶ _____

3 나(누나/언니)는 기숙사에 살아. ▶ _____

오늘의 10분 끝!

오늘의 **10분** 시작!

나는 슈퍼마켓에 가.

đi로 목적지 말하기

2분 초간단 개념 잡기

đi 디 는 '가다'라는 뜻의 동사예요. 베트남어는 고립어이기 때문에 조사가 따로 붙지 않아요. 그러므로 đi 디 다음에 목적지(A) 자체를 이어서 쓰면 'A에 가다'라는 의미가 된답니다.

Anh	đi	siêu thị
아잉	디	씨에우 티
나(형/오빠)는	~에 가다	슈퍼마켓

2분 입에서 바로 나오는 문장 말하기 🔊 9-1

Anh đi Việt Nam.
아잉 디 비엘 남

나(형/오빠)는 베트남에 가.

Em đi ngân hàng.
앰 디 응언 항

저(동생)는 은행에 가요.

Chị đi chợ.
찌 디 쩌

나(누나/언니)는 시장에 가.

✔ 단어 체크

đi 디 가다 / siêu thị 씨에우 티 슈퍼마켓 / ngân hàng 응언 항 은행 / chợ 쩌 시장

đi 디 를 사용하여 목적지를 묻고 답하는 표현을 연습해 봅시다.

Anh đi đâu *ạ?
아잉 디 더우 아
오빠는 어디에 가세요?

Anh đi   .
아잉 디
나는 ~에 가.

1	siêu thị [씨에우 티] 슈퍼마켓
2	ngân hàng [응언 항] 은행
3	sân bay [썬 바이] 공항
4	hiệu sách [히에우 싸익] 서점

★ 문장의 끝에 ạ[아]를 붙이면 공손형 표현이 돼요.

 문제로 확인해 보기

베트남어는 우리말로, 우리말은 베트남어로 바꿔 보세요.

1 Anh đi siêu thị.   ▶ _____

2 Em đi ngân hàng.   ▶ _____

3 나(누나/언니)는 공항에 가.   ▶ _____

10 나의 취미는 독서야.

sở thích ~ là로 취미 말하기

2분 초간단 개념 잡기

sở thích 써틱 은 취미라는 뜻의 명사예요. '나의 취미는 ~야'라고 말하고 싶으면 소유격을
나타내는 của 꾸어 를 1인칭 주어 앞에 위치시켜 'Sở thích 써틱 + của 꾸어 + 1인칭 주어 +
là 라 ~'라고 하면 돼요.

Sở thích	của anh	là	đọc sách
써 틱	꾸어 아잉	라	독 싸익
취미는	나(형/오빠)의	~이다	책을 읽다

2분 입에서 바로 나오는 문장 말하기　🎧 10-1

Sở thích của anh là xem phim.
써　틱　꾸어　아잉　라　쌤　핌

나(형/오빠)의 취미는
영화 보기야.

Sở thích của em là nghe nhạc.
써　틱　꾸어　앰　라　응애　냑

저(동생)의 취미는
음악 듣기예요.

Sở thích của chị là leo núi.
써　틱　꾸어　찌　라　래오　누이

나(누나/언니)의 취미는
등산이야.

✓ 단어 체크

sở thích 써틱 취미 / của 꾸어 ~의(소유격) / đọc 독 읽다 / sách 싸익 책 / xem 쌤 보다 / phim 핌 영화 /

nghe 응애 듣다 / nhạc 냑 음악 / leo 래오 오르다 / núi 누이 산

3분 회화로 응용하기 🎧 10-2

sở thích ~ là 써틱~라 를 사용하여 취미를 묻고 답하는 표현을 연습해 봅시다.

> **Sở thích của anh là gì?**
> 써 틱 꾸어 아잉 라 지
> 오빠의 취미는 무엇인가요?

> **Sở thích của anh là ___.**
> 써 틱 꾸어 아잉 라
> 나의 취미는 ~야.

1 đọc sách [독 싸익] 책을 읽다
2 xem phim [쌤 핌] 영화를 보다
3 chụp ảnh [쭙 아잉] 사진을 찍다
4 chơi bóng bàn [쩌이 봉 반] 탁구를 하다

3분 문제로 확인해 보기

베트남어는 우리말로, 우리말은 베트남어로 바꿔 보세요.

1 Sở thích của anh là đọc sách. ▶ _____

2 Sở thích của em là nghe nhạc. ▶ _____

3 나(누나/언니)의 취미는 사진 찍기야. ▶ _____

1/ 대화의 빈칸에 알맞은 말을 쓰세요.

Chị là giáo viên, phải không?

Chị _____ giáo viên.
Chị là kĩ sư.

2/ 주어진 단어와 어울리지 않는 단어를 고르세요.

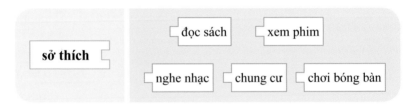

sở thích

đọc sách   xem phim

nghe nhạc   chung cư   chơi bóng bàn

3/ 빈칸에 들어갈 말로 알맞은 것을 고르세요.

A Em học gì?

B Em học _____ .

sống ở

phải   đi đâu

tiếng Anh

4/ 자연스러운 대화가 되도록 연결해 보세요.

1. Anh học gì? • • a) Em đi ngân hàng.

2. Anh sống ở đâu? • • b) Chụp ảnh ạ

3. Em đi đâu? • • c) Anh học tiếng Việt.

4. Sở thích của em là gì? • • d) Anh sống ở Seoul.

5/ 빈칸에 들어갈 말로 알맞은 것을 보기 에서 골라 쓰세요.

> 보기   siêu thị / leo núi / lịch sử / người Hàn Quốc

1. 저(동생)는 한국 사람이에요.   ▶ Em là _____.

2. 나(누나/언니)는 슈퍼마켓에 가.   ▶ Chị đi _____.

3. 나(형/오빠)의 취미는 등산이야.   ▶ Sở thích của anh là _____.

4. 나(누나/언니)는 역사를 공부해.   ▶ Chị học _____.

베트남, 얼마나 알고 있나요? - 베트남 개관

베트남의 정식 국명을 알고 있나요? 그냥 '베트남'이 아닌 '베트남사회주의 공화국(Nước Cộng hoà Xã hội chủ nghĩa Việt Nam 느억 꽁 화 싸 호이 쭈 응이어 비엘 남)'이 정식 국명이랍니다. 이름에서도 우리나라와 정치 체제가 다른 나라임을 알 수 있어요.

베트남은 동남아시아 인도차이나 반도의 동쪽에 위치해 있어요. 중국, 캄보디아, 라오스와 국경을 접하고 있답니다. 북에서 남으로 S자 모양으로 길게 뻗어 있는 베트남은 해안선 길이가 3,200km를 넘으니 아름다운 해변도 무척 많겠지요? 한국에도 많이 알려진 다낭(Đà Nẵng)이나 냐짱(Nha Trang)이 바로 대표적인 해변에 위치한 도시랍니다.

베트남의 면적은 약 331, 210㎢로 한반도 전체의 1.5배 정도 돼요. 수도 하노이를 포함한 5개 중앙 직할시와 58개의 성(省)으로 행정 구역이 나뉜답니다. 5개 중앙 직할시란 하노이(Hà Nội), 호찌민 시(Thành phố Hồ Chí Minh), 하이퐁(Hải Phòng), 다낭(Đà Nẵng), 껀터(Cần Thơ)를 말해요. 지도에서 각 도시의 위치를 확인해 보세요.

베트남 민족은 전체의 86% 이상을 차지하는 낀(Kinh)족과 53개 소수 종족으로 구성되어 있어요. 우리가 흔히 만나게 되는 베트남 사람들은 거의 낀족이라고 볼 수 있어요. 소수 종족은 주로 산악 지대나 국경 지대에 거주해요.

11 저는 버스를 타고 가요.

đi bằng으로 교통수단 말하기

2분 초간단 개념 잡기

bằng 방 은 수단, 재료 등을 나타내는 말과 같이 쓰일 경우 '~(으)로'의 뜻이 돼요. 'đi bằng 디방 + A(교통수단)'의 형태는 'A(교통수단)를 타고 가요'라는 의미를 전달한답니다.

Em	**đi bằng**	**xe buýt**
앰	디 방	쌔 빝
저(동생)는	~을(를) 타고 가다	버스

2분 입에서 바로 나오는 문장 말하기 🎧 11-1

Anh đi bằng xe máy.
아잉 디 방 쌔 마이

나(형/오빠)는
오토바이를 타고 가.

Em đi bằng tàu điện ngầm.
앰 디 방 따우 디엔 응엄

저(동생)는
지하철을 타고 가요.

Chị đi bằng xe đạp.
찌 디 방 쌔 답

나(누나/언니)는
자전거를 타고 가.

✓ **단어 체크**

đi 디 가다 / bằng 방 ~(으)로 / xe buýt 쌔 빝 버스 / xe máy 쌔 마이 오토바이 / tàu điện ngầm 따우 디엔 응엄
지하철 / xe đạp 쌔 답 자전거

3분 회화로 응용하기 🎧 11-2

đi bằng ^{디방} 을 사용하여 교통수단을 묻고 답하는 표현을 연습해 봅시다.

Em đi bằng gì?
앰 디 방 지
너는 무엇을 타고 가?

Em đi bằng ___.
앰 디 방
저는 ~을/를 타고 가요.

> 1 ★xe buýt [쌔 뷧] 버스
> 2 xe máy [쌔 마이] 오토바이
> 3 xe ô tô [쌔 오 또] 자동차
> 4 xe taxi [쌔 딱씨] 택시

★ xe[쌔]는 바퀴가 달린 탈 것을 뜻해요.

3분 문제로 확인해 보기

베트남어는 우리말로, 우리말은 베트남어로 바꿔 보세요.

1 Em đi bằng xe buýt.　▸ _____

2 Anh đi bằng xe máy.　▸ _____

3 나(누나/언니)는 자동차를 타고 가. ▸ _____

오늘의 10분 끝!

12 저는 너무 배고파요.

quá로 상태의 정도 말하기

2분 초간단 개념 잡기

동사나 형용사의 정도를 한정하는 부사를 정도부사라고 하는데요, quá 꽈 는 어떤 기준을 뛰어넘은 정도를 나타내는 말이기 때문에 '너무', '정말' 등의 뜻으로 쓸 수 있어요. 정도부사에는 rất 젙 (매우, 아주), lắm 럼 (매우, 아주) 등도 있어요.

Em	đói	quá
앰	도이	꽈
저(동생)는	배고프다	너무

 정도부사의 위치: quá/lắm은 동사나 형용사 뒤에, rất은 동사나 형용사 앞에 위치해요.

2분 입에서 바로 나오는 문장 말하기 🎧 12-1

Anh no quá.
아잉 노 꽈

나(형/오빠)는 너무 배불러.

Em buồn quá.
앰 부온 꽈

저(동생)는 너무 슬퍼요.

Chị buồn ngủ quá.
찌 부온 응우 꽈

나(누나/언니)는 너무 졸려.

✓ 단어 체크

đói 도이 배고프다 / quá 꽈 너무, 정말 / no 노 배부르다 / buồn 부온 슬프다 / buồn ngủ 부온 응우 졸리다

3분 회화로 응용하기 🎧 12-2

quá 꽈 를 사용하여 상태의 정도를 나타내는 표현을 연습해 봅시다.

Em có ⬜ không?
얨 꼬   콩
너는 ~해?

Em ⬜ quá.
얨   꽈
저는 너무 ~해요.

1 đói [도이] 배고프다

2 no [노] 배부르다

3 vui [부이] 즐겁다

4 chán [짠] 심심하다, 지루하다

3분 문제로 확인해 보기

베트남어는 우리말로, 우리말은 베트남어로 바꿔 보세요.

1 Em đói quá. ▶ _____

2 Chị chán quá. ▶ _____

3 나(형/오빠)는 너무 배불러. ▶ _____

오늘의 10분 끝!

13

저는 보통 집에서 밥을 먹어요.

thường으로 행위의 빈도 말하기

2분 초간단 개념 잡기

thường 트엉 은 '보통'이라는 뜻의 빈도부사예요. 베트남어의 빈도부사는 일반적으로 '주어 + 빈도부사 + 서술어'의 어순으로 쓰여요.

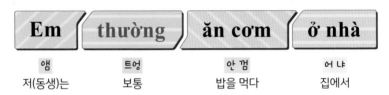

Em	thường	ăn cơm	ở nhà
앰	트엉	안 껌	어 냐
저(동생)는	보통	밥을 먹다	집에서

 • 다양한 빈도부사

luôn luôn (항상) / thường xuyên (늘) / thường (보통) / hay (자주) / thinh thoảng (가끔)

2분 입에서 바로 나오는 문장 말하기 🎧 13-1

Chị thường về nhà muộn.
찌 트엉 베 냐 무온

나(누나/언니)는
보통 늦게 귀가해.

Anh thường dậy rất sớm.
아잉 트엉 저이 젇 썸

나(형/오빠)는
보통 매우 일찍 일어나.

Em thường ăn cơm một mình.
앰 트엉 안 껌 몯 밍

저(동생)는
보통 혼자 밥을 먹어요.

✓ 단어 체크

thường 트엉 보통 / ở 어 ~에서 / nhà 냐 집 / về 베 돌아오다(가다) / muộn 무온 늦다 / dậy 저이 일어나다(기상) / rất 젇 매우 / sớm 썸 일찍 / một mình 몯 밍 혼자

3분 회화로 응용하기   🎧 13-2

thường 트엉 을 사용하여 행위의 빈도를 나타내는 표현을 연습해 봅시다.

Anh thường [ ]. Còn em?
아잉 트엉   꼰 앰

나는 보통 ~해. 너는?

Em thường [ ].
앰   트엉

저는 보통 ~해요.

1 ăn cơm ở quán ăn [안 껌 어 꽌 안] 식당에서 밥을 먹다	**1** ăn cơm ở nhà [안 껌 어 냐] 집에서 밥을 먹다
2 về nhà muộn [베 냐 무온] 늦게 귀가하다	**2** về nhà sớm [베 냐 썸] 일찍 귀가하다
3 đọc sách ở nhà [독 싸익 어 냐] 집에서 책을 읽다	**3** đọc sách ở thư viện [독 싸익 어 트 비엔] 도서관에서 책을 읽다
4 xem phim một mình [쌤 핌 몯 밍] 혼자 영화를 보다	**4** xem phim với bạn [쌤 핌 버이 반] 친구와 함께 영화를 보다

3분 문제로 확인해 보기

베트남어는 우리말로, 우리말은 베트남어로 바꿔 보세요.

1 Em thường ăn cơm ở nhà. ▶ _____

2 Chị thường về nhà muộn. ▶ _____

3 나(형/오빠)는 보통 혼자 영화를 봐. ▶ _____

14 저는 베트남어를 말할 수 있어요.

có thể ~ được으로 할 수 있는 것 말하기

2분 초간단 개념 잡기

có thể ~ được 꼬테~드억 은 능력/가능을 나타내는 말로, '~할 수 있다'라는 뜻이에요. '주어 + có thể 꼬테 + 동사 + (목적어) + được 드억'의 형태로 쓰고 '주어는 동사할 수 있다'의 의미를 전달해요. có thể 꼬테 혹은 được 드억 둘 중의 하나를 생략할 수도 있어요.

Em	có thể	nói	tiếng Việt	được
앰	꼬 테	노이	띠엥 비엗	드억
저(동생)는	~할 수 있다	말하다	베트남어	가능하다

2분 입에서 바로 나오는 문장 말하기 🎧 14-1

Anh có thể hát được.
아잉 꼬 테 핟 드억

나(형/오빠)는
노래를 할 수 있어.

Em có thể chơi piano được.
앰 꼬 테 쪄이 삐아노 드억

저(동생)는 피아노를
연주할 수 있어요.

Chị có thể nấu ăn được.
찌 꼬 테 너우 안 드억

나(누나/언니)는
요리를 할 수 있어.

✓ 단어 체크

có thể 꼬테 ~할 수 있다 / nói 노이 말하다 / tiếng Việt 띠엥 비엗 베트남어 / được 드억 가능하다 / hát 핟 노래하다 / chơi 쪄이 (악기) 연주하다 / piano 삐아노 피아노 / nấu ăn 너우안 요리하다

🔊 14-2

có thể ~ được 꼬테~드억 을 사용하여 할 수 있는 것을 묻고 답하는 표현을 연습해 봅시다.

Em có thể ⬜ **được không?**
앰 꼬 테   드억   콩
너는 ~ 할 수 있어?

Em có thể ⬜ **được.**
앰 꼬 테   드억
저는 ~ 할 수 있어요.

1 nói tiếng Việt [노이 띠엥 비엗] 베트남어를 말하다

2 chơi piano [쩌이 삐아노] 피아노를 연주하다

3 bơi [버이] 수영하다

4 lái xe [라이 쌔] 차를 운전하다

3분 문제로 확인해 보기

베트남어는 우리말로, 우리말은 베트남어로 바꿔 보세요.

1 Em có thể nói tiếng Việt được. ▶ _____

2 Chị có thể nấu ăn được. ▶ _____

3 나(형/오빠)는 수영할 수 있어. ▶ _____

오늘의 10분 끝!

오늘의 **10분** 시작!

15 저는 영화를 보고 싶어요.

muốn으로 하고 싶은 것 말하기

(2분) 초간단 개념 잡기

muốn 무온 은 '~하기를 원하다'라는 의미의 동사예요. 뒤에 다른 동사를 결합시켜서 내가 하고 싶은 것을 나타낼 수 있어요.

Em	muốn	xem phim
앰	무온	쌤 핌
저(동생)는	원하다	영화를 보다

(2분) 입에서 바로 나오는 문장 말하기 🎧 15-1

Anh muốn ăn phở.
아잉 무온 안 퍼

나(형/오빠)는 퍼(쌀국수)를 먹고 싶어.

Em muốn đi về nhà.
앰 무온 디 베 냐

저(동생)는 집에 돌아가고 싶어요.

Chị muốn mua áo dài.
찌 무온 무어 아오 자이

나(누나/언니)는 아오 자이를
사고 싶어.

✔ 단어 체크

muốn 무온 ~하기를 원하다 / phở 퍼 퍼(쌀국수) / đi 디 가다 / về 베 돌아가(오)다 / mua 무어 사다 /
áo dài 아오자이 아오 자이(베트남 전통 의상)

muốn 무온 을 사용하여 하고 싶은 것을 묻고 답하는 표현을 연습해 봅시다.

> **Em muốn làm gì?**
> 앰　무온　람　지
> 너는 뭐 하고 싶어?

> **Em muốn ___.**
> 앰　　무온
> 저는 ~ 하고 싶어요.

1 xem phim [쌤 핌] 영화를 보다
2 ăn phở [안 퍼] 퍼(쌀국수)를 먹다
3 đi dạo [디 자오] 산책을 하다
4 uống cà phê [우옹 까 페] 커피를 마시다

3분 문제로 확인해 보기

베트남어는 우리말로, 우리말은 베트남어로 바꿔 보세요.

1 Em muốn xem phim. ▶ _____

2 Chị muốn mua áo dài. ▶ _____

3 나(형/오빠)는 커피를 마시고 싶어. ▶ _____

오늘의 10분 끝!

1. 다음 질문에 대한 대답으로 의미가 다른 하나를 고르세요.

Em có thể bơi được không?

1 Em có thể bơi ạ.

2 Em bơi được ạ.

3 Em muốn bơi ạ.

2. 그림을 참고하여 빈칸에 알맞은 말을 써 보세요.

1 Anh đi bằng   2 Chị đi bằng   3 Em đi bằng

3. 빈칸에 들어갈 말로 알맞은 것을 모두 고르세요.

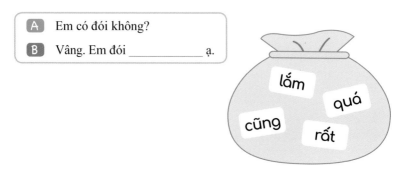

A   Em có đói không?

B   Vâng. Em đói _____ ạ.

lắm   quá   cũng   rất

4. 그림을 참고하여 자연스러운 대화가 되도록 빈칸에 알맞은 말을 써 보세요.

A Anh muốn làm gì?

B Anh muốn [_____] .

5. 빈칸에 들어갈 말로 알맞은 것을 보기 에서 골라 써 보세요.

보기   quá / bằng / muốn / thường

1. 저(동생)는 아오 자이를 사고 싶어요.

   ▶ Em _____ mua áo dài.

2. 나(누나/언니)는 보통 집에서 밥을 먹어.

   ▶ Chị _____ ăn cơm ở nhà.

3. 나(형/오빠)는 너무 졸려.

   ▶ Anh buồn ngủ _____ .

4. 나(누나/언니)는 지하철을 타고 가.

   ▶ Chị đi _____ tàu điện ngầm.

정답

1. ③

2. ① xe máy   ② xe buýt   ③ xe đạp

3. lắm, quá

4. xem phim

5. ① muốn   ② thường   ③ quá   ④ bằng

베트남의 주요 도시

● 수도 하노이

북부 홍(Hồng)강 삼각주 중심에
위치. 옛 이름은 탕롱(Thăng Long,
乘龍)으로 '용이 날아 오른 곳'이라
는 뜻이에요. 면적으로 베트남 최대
의 도시이며, 인구는 호찌민 시에 이
어 두 번째로 많아요.

● 호찌민 시

전국에서 인구 및 경제 규모가 가장
큰 도시. 싸이곤(Sài Gòn)이라는 이
름으로 불리다가 1976년에 호찌민 주
석의 이름을 따서 호찌민 시로 이름
이 바뀌었어요. 호찌민 주석의 이름과
구별하기 위해 항상 도시 명 앞에 '시
(thành phố)'를 붙인답니다.

● 하이퐁

베트남 북부에서 가장 큰 항구 도시. '붉은 프엉(Phượng) 꽃의 도시'로도 불려요. 공업, 상업 등이 발달하였고, 깟바(Cát Bà) 군도와 도선(Đồ Sơn) 등의 유명 관광지가 있어요.

● 다낭

베트남 중부의 해안 도시. 긴 국토의 중간 지점이라는 지정학적 위치로 경제, 사회 및 교통, 국방의 요충지 역할을 하고 있어요. 아름다운 해변과 응우하인썬(Ngũ Hành Sơn, 五行山), 짬(Chăm) 박물관, 바나 힐(Bà Nà Hills) 등이 있어서 관광지로서의 매력도 넘치는 곳이에요.

● 껀터

베트남 최대의 곡창 지대인 끄우롱(Cửu Long, 메콩)강 삼각주 지역의 중심 도시. 호찌민 시에서 서쪽으로 160km 정도 떨어져 있으며, '물의 도시'로 유명해요. 수상 시장의 활기 넘치는 풍경을 볼 수 있는 곳이에요.

나는 일을 더 해야 해.

phải로 해야 할 일 말하기

16

초간단 개념 잡기

phải 파이 는 '~해야 하다'라는 당위를 나타내는 말입니다. 뒤에 동사를 다양하게 결합시켜서 내가 꼭 해야 할 일을 표현할 수 있어요.

Chị	phải	làm thêm
찌	파이	람 템
나(누나/언니)는	~해야 하다	일을 더 하다

입에서 바로 나오는 문장 말하기 🎧 16-1

Chị phải nghỉ một chút.
찌 파이 응이 몯 쭏

나(누나/언니)는 잠시 쉬어야 해.

Em phải làm bài tập.
앰 파이 람 바이 떱

저(동생)는 과제를 해야 해요.

Anh phải uống thuốc.
아잉 파이 우옹 투옥

나(형/오빠)는 약을 먹어야 해.

✓ 단어 체크

phải 파이 ~해야 하다 / thêm 템 더하다, 추가하다 / nghỉ 응이 쉬다 / một chút 몯 쭏 조금, 잠시 / bài tập 바이 떱 과제 / thuốc 투옥 약 / uống thuốc 우옹 투옥 약을 먹다

phải 파이 를 사용하여 해야 할 일을 말하는 표현을 연습해 봅시다.

Chị có *rồi không?
찌 꼬 조이 콩
언니 한가해요?(시간 있어요?)

*Không. Chị phải ⬜.
콩 　 찌 　 파이
아니. 나는 ~해야 해.

★ rồi [조이] 한가하다

★ không [콩] 아니요(부정 대답)

1	làm thêm [람 템] 일을 더하다
2	làm bài tập [람 바이 떱] 과제를 하다
3	dọn nhà [존 냐] 집을 청소하다
4	sửa xe [쓰어 쌔] 차를 수리하다

베트남어는 우리말로, 우리말은 베트남어로 바꿔 보세요.

1 Chị phải làm thêm.　▶ _____

2 Anh phải uống thuốc.　▶ _____

3 저(동생)는 집을 청소해야 해요.　▶ _____

오늘의 10분 끝!

17

나는 아침을 먹었어.

đã로 과거 시제 말하기

 초간단 개념 잡기

đã 다 는 과거 시제를 나타내는 말입니다. 동사 앞에 위치시켜 '~했다'의 의미를 전달할 수 있어요.

Chị	đã	ăn sáng
찌	다	안 쌍
나(누나/언니)는	~ 했다(과거시제)	아침을 먹다

 sáng은 '아침'을 뜻하는 말로, ăn(먹다)과 결합하여 '아침을 먹다'라는 의미가 돼요. 마찬가지로 ăn + trua[쯔어](정오, 낮) / tối[또이](저녁)는 '점심을 먹다', '저녁을 먹다'가 돼요.

 입에서 바로 나오는 문장 말하기 🎧 17-1

Chị đã đọc báo.
찌 다 독 바오

나(누나/언니)는 신문을 읽었어.

Em đã mua nón lá.
앰 다 무어 논 라

저(동생)는 논라를 샀어요.

Anh đã tập thể dục.
아잉 다 떱 테 죽

나(형/오빠)는 운동을 했어.

✓ **단어 체크**

đã 다 ~ 했다 / ăn sáng 안쌍 아침을 먹다 / báo 바오 신문 / nón lá 논라 (베트남 전통 모자) / tập 떱 연습

하다 / thể dục 테죽 운동 / tập thể dục 떱테죽 운동을 하다

 **3분 회화로 응용하기** 🎧 17-2

đã 다 를 사용하여 과거 시제 표현을 연습해 봅시다.

> **Chị đã làm gì?**
> 찌 다 람 지
> 언니는 무엇을 했어요?

> **Chị đã　　　.**
> 찌 다
> 나는 ~했어.

1	ăn sáng [안 쌍] 아침을 먹다
2	mua nón lá [무어 논 라] 논라를 사다
3	gặp ông giám đốc [갑 옹 잠 독] (남자)사장님을 만나다
4	chụp ảnh [쭙 아잉] 사진을 찍다

3분 문제로 확인해 보기

베트남어는 우리말로, 우리말은 베트남어로 바꿔 보세요.

1 Chị đã ăn sáng. ▸ _____

2 Anh đã tập thể dục. ▸ _____

3 저(동생)는 사진을 찍었어요. ▸ _____

18 나는 텔레비전을 보고 있어.

đang으로 현재진행 시제 말하기

초간단 개념 잡기

đang 당 은 현재진행 시제를 나타낼 때 사용하는 말입니다. 동사 앞에 위치시켜 '~하고 있다'는 의미를 전달할 수 있어요.

Chị	**đang**	**xem ti vi**
찌	당	쌤 띠 비
나(누나/언니)는	~ 하고 있다 (현재진행 시제)	텔레비전을 보다

입에서 바로 나오는 문장 말하기　🎧 18-1

Chị đang làm việc.
찌　당　람　비엑

나(누나/언니)는
일을 하고 있어.

Em đang gọi điện thoại.
앰　당　고이　디엔　토아이

저(동생)는
전화를 하고 있어요.

Anh đang viết thư.
아잉　당　비엩　트

나(형/오빠)는
편지를 쓰고 있어.

✓ 단어 체크

đang 당 ~ 하고 있다 / việc 비엑 일 / gọi 고이 걸다, 부르다 / điện thoại 디엔 토아이 전화 / viết 비엩 쓰다 /
thư 트 편지

đang 당 을 사용하여 현재진행 시제 표현을 연습해 봅시다.

Chị đang làm gì?
찌 당 람 지
언니는 무엇을 하고 있어요?

Chị đang ___.
찌 당
나는 ~하고 있어.

1	xem ti vi [쌤 띠 비] 텔레비전을 보다
2	viết thư [비엩 트] 편지를 쓰다
3	nấu ăn [너우 안] 요리를 하다
4	tập hát [떱 핟] 노래를 연습하다

3분 문제로 확인해 보기

베트남어는 우리말로, 우리말은 베트남어로 바꿔 보세요.

1 Chị đang xem ti vi. ▸ _____

2 Em đang gọi điện thoại. ▸ _____

3 나(형/오빠)는 요리를 하고 있어. ▸ _____

오늘의 10분 끝!

18 나는 텔레비전을 보고 있어. **81**

19 나는 여행을 갈 거야.

sẽ로 미래 시제 말하기

2분 초간단 개념 잡기

sẽ 쌔 는 미래 시제를 나타낼 때 사용하는 말입니다. 동사 앞에 위치시켜 '~할 것이다'의 의미를 전달할 수 있어요. 용언의 활용이 없는 베트남어는 이렇게 시제어를 동사 앞에 붙여 과거/현재/미래를 표현할 수 있다는 점, 기억하세요!

Chị	sẽ	đi du lịch
찌	쌔	디 주 릭
나(누나/언니)는	~ 할 것이다 (미래 시제)	여행을 가다

2분 입에서 바로 나오는 문장 말하기 🎧 19-1

Chị sẽ học múa.
찌 쌔 혹 무어

나(누나/언니)는 춤을 배울 거야.

Em sẽ đi chơi.
앰 쌔 디 쩌이

저(동생)는 놀러 갈 거예요.

Anh sẽ đi thăm bố mẹ.
아잉 쌔 디 탐 보 매

나(형/오빠)는 부모님을 방문하러 갈 거야.

✔ 단어 체크

sẽ 쌔 ~할 것이다 / du lịch 주릭 여행, 여행하다 / múa 무어 춤추다 / chơi 쩌이 놀다 / thăm 탐 방문하다 / bố mẹ 보매 부모

회화로 응용하기　🎧 19-2

sẽ 쌔 를 사용하여 미래 시제 표현을 연습해 봅시다.

Chị sẽ làm gì?
찌 쌔 람 지
언니는 무엇을 할 거예요?

Chị sẽ ⬜⬜.
찌 쌔
나는 ~할 거야.

1 đi du lịch [디 주 릭] 여행을 가다
2 học múa [혹 무어] 춤을 배우다
3 đi mua sắm [디 무어 쌈] 쇼핑을 가다
4 gặp cô giáo [갑 꼬 쟈오] (여)선생님을 만나다

문제로 확인해 보기

베트남어는 우리말로, 우리말은 베트남어로 바꿔 보세요.

1 Chị sẽ đi du lịch.　▶ _____

2 Em sẽ đi mua sắm.　▶ _____

3 나(형/오빠)는 부모님을 방문하러 갈 거야. ▶ _____

오늘의 10분 끝!

20 나는 닭고기 퍼보다 소고기 퍼를 더 좋아해.

thích ~ hơn으로 선호하는 것 말하기

2분 초간단 개념 잡기

thích 틱 은 '좋아하다'라는 뜻으로, 비교를 나타내는 hơn 헌 (~보다)과 함께 써서 개인적 선호를 표현할 수 있어요. 'thích 틱 + A + hơn 헌 + B' 형태는 'B보다 A를 더 좋아하다'라는 의미랍니다. 개인적 선호 사항을 A에, 비교대상을 B에 위치시킨다는 점, 기억하세요!

Chị	thích	phở bò	hơn	phở gà
찌	틱	퍼 보	헌	퍼 가
나(누나/언니)는 좋아하다		소고기 퍼(쌀국수)	~보다	닭고기 퍼(쌀국수)

2분 입에서 바로 나오는 문장 말하기 🎧 20-1

Chị thích cà phê hơn trà.
찌 틱 까 페 헌 짜

나(누나/언니)는
차보다 커피를
더 좋아해.

Em thích phim tình cảm hơn phim hài.
앰 틱 핌 띵 깜 헌 핌 하이

저(동생)는 코믹 영화
보다 멜로 영화를
더 좋아해요.

Anh thích bóng rổ hơn bóng đá.
아잉 틱 봉 조 헌 봉 다

나(형/오빠)는
축구보다 농구를
더 좋아해.

✓ 단어 체크

thích 틱 좋아하다 / hơn 헌 ~보다 / phở 퍼 퍼(쌀국수) / trà 짜 차 / phim tình cảm 핌띵깜 멜로 영화 /
phim hài 핌하이 코믹 영화 / bóng rổ 봉조 농구 / bóng đá 봉다 축구

3분 회화로 응용하기 🎧 20-2

thích ~ hơn ^{틱~헌} 을 사용하여 선호하는 것을 묻고 답하는 표현을 연습해 봅시다.

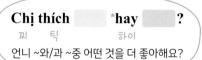

Chị thích ⬜ *hay ⬜?
찌　틱　　　　하이
언니 ~와/과 ~중 어떤 것을 더 좋아해요?

Chị thích ⬜ **hơn** ⬜.
찌　틱　　　헌
나는 ~보다 ~을/를 더 좋아해.

1 phở bò [퍼 보] 소고기 퍼(쌀국수)	1 phở gà [퍼 가] 닭고기 퍼(쌀국수)
2 cà phê [까 페] 커피	2 trà [짜] 차
3 môn Toán [몬 또안] 수학 과목	3 môn Văn học [몬 반 혹] 문학 과목
4 sữa tươi [쓰어 뜨어이] 생우유	4 sữa chua [쓰어 쭈어] 요거트

★ 이 경우 hay[하이]는 선택의문문으로 만들어 주는 기능을 해요.

3분 문제로 확인해 보기

베트남어는 우리말로, 우리말은 베트남어로 바꿔 보세요.

1 Chị thích phở bò hơn phở gà.　▶ _____

2 Anh thích bóng rổ hơn bóng đá.　▶ _____

3 저(동생)는 차보다 커피가 더 좋아요.　▶ _____

오늘의 10분 끝!

20 나는 닭고기 퍼보다 소고기 퍼를 더 좋아해.　85

16-20 Review

1, 대화의 빈칸에 선호하는 것을 나타낼 수 있도록 알맞은 말을 쓰세요.

Chị thích sữa tươi hay sữa chua?

Chị thích sữa tươi _____ sữa chua.

2, 베트남어 단어와 알맞은 뜻을 연결해 보세요.

1	nấu ăn •	• a) 아침을 먹다
2	ăn sáng •	• b) 과제를 하다
3	đi dạo •	• c) 산책하다
4	làm bài tập •	• d) 요리하다

3, 빈칸에 들어갈 말로 알맞은 것을 골라 보세요.

A Chị có rỗi không?

B Không. Chị _____ làm thêm.

bằng   hơn   phải   không

4/ 그림을 참고하여 자연스러운 대화가 되도록 빈칸에 알맞은 말을 써 보세요.

A Em đã làm gì?

B Em đã [＿＿＿＿＿＿].

5/ 빈칸에 들어갈 말로 알맞은 것을 보기 에서 골라 써 보세요.

> 보기 đang / thích / học múa / uống thuốc

1 저(동생)는 차보다 커피를 더 좋아해요.

▸ Em ＿＿＿＿＿＿＿＿＿ cà phê hơn trà.

2 나(누나/언니)는 춤을 배울 거야.

▸ Chị sẽ ＿＿＿＿＿＿＿＿＿.

3 나(형/오빠)는 편지를 쓰고 있어.

▸ Anh ＿＿＿＿＿＿＿＿＿ viết thư.

4 나(누나/언니)는 약을 먹어야 해.

▸ Chị phải ＿＿＿＿＿＿＿＿＿.

정답
1/ hơn
2/ ① d ② a ③ c ④ b
3/ phải
4/ đọc báo
5/ ① thích ② học múa ③ đang ④ uống thuốc

베트남 현지에서 꼭 먹어 봐야 하는 음식

퍼 (phở)

퍼(phở)의 본 고장은 하노이 지역이라는 사실! 얇고 부드러우면서 쫄깃한 쌀국수 면발에 진한 육수를 붓고, 쇠고기 또는 닭고기와 얇게 썬 파, 고추를 고명으로 얹은 정통 쌀국수에 라임을 뿌려 먹어 보세요.

분 짜 (bún chả)

분(bún, 쌀국수 면), 짜(chả, 숯불에 구운 돼지고기 완자) 그리고 신선한 채소를 새콤달콤하게 만든 느억맘(nước mắm, 생선 액젓) 소스에 적셔 먹는 음식. 하노이 지역을 대표하는 음식이에요.

분 보 후에 (bún bò Huế)

중부 지역 후에를 대표하는 음식. 육수에 느억맘이나 설탕을 넣어 간을 맞추고 쇠고기(bò)와 생채소 등을 고명으로 얹어 먹는 매운 쌀국수 요리예요. 참고로 중부 지역은 매운 음식이 발달했답니다.

바인 짱 꾸온 팃 해오 (bánh trắng cuốn thịt heo)

다낭의 특산 음식. 삶은 돼지고기를 각종 채소와 함께 쌀종이(bánh trắng)에 싸서(cuốn) 젓갈 소스에 찍어 먹는 음식이에요.

껌 떰 쓰언 (cơm tấm sườn)

베트남 남부에서 특히 즐겨 먹는 덮밥 요리. 껌 쓰언 이라고도 해요. 밥(cơm) 위에 바비큐한 돼지 갈비 (sườn)와 채소를 올려 느억맘과 같이 비벼 먹는 음식 이에요.

바인 미 (bánh mì)

베트남식 샌드위치, 대표적인 길거리 음식. 베트남식 바게트를 반으로 갈라 소스를 바른 후 고기나 햄 그리고 다양한 채소를 넣은 음식이에요.

까페 쓰어 다 (cà phê sữa đá)

진한 커피(cà phê)에 연유(sữa đặc)와 얼음(đá)을 넣어 차갑게 마시는 커피. 브라질에 이어 세계 2위 커피 생산국답게 아시아에서 커피 문화가 가장 발달한 나라 중 하나가 베트남이라는 사실!

째 (chè)

베트남의 디저트 음식. 코코넛 밀크에 각종 열대 과일과 젤리, 삶은 콩, 팥, 녹두, 로투스 등 다양한 재료를 넣어 얼음과 함께 시원하게 즐겨요. 달랏과 같은 고산도시에서는 따뜻하게 먹기도 해요(째 농(chè nóng)).

PART
03

해 봐!
이럴 때는 이렇게!

21 저는 머리가 아파요.

bị đau로 아픈 데 말하기

초간단 개념 잡기

bị 비 는 부정적인 일을 겪게 되는 상황에 쓰는 수동태 표현이에요. 아픔이나 병도 의지와 상관없이 겪게 되는 일이므로 bị đau 비 다우 라 하고, 뒤에 구체적으로 아픈 신체 부위를 쓰면 돼요.

Em	bị đau	đầu
앰	비 다우	더우
저(동생)는	아프게 되다(아프다)	머리

💡 긍정적인 일을 받아들이게 되거나 누리게 될 때는 bị 대신 được을 써요.
예를 들어, '저는 칭찬 받았어요'는 Em được khen[앰 드억 캔] (khen 칭찬하다)과 같이 말할 수 있어요.

입에서 바로 나오는 문장 말하기 🎧 21-1

Em bị đau họng.
앰 비 다우 홍

저(동생)는 목이 아파요.

Chị bị đau bụng.
찌 비 다우 붕

나(누나/언니)는 배가 아파.

Anh bị đau mắt.
아잉 비 다우 맏

나(형/오빠)는 눈이 아파.

✓ 단어 체크

bị 비 (안 좋은 일) 겪다 / đau 다우 아프다 / đầu 더우 머리 / họng 홍 후두, 목구멍 / bụng 붕 배 / mắt 맏 눈

회화로 응용하기 🎧 21-2

bị đau 비다우 를 사용하여 아픈 데를 묻고 답하는 표현을 연습해 봅시다.

Em bị đau ở đâu?
앰 비 다우 어 더우
너는 어디가 아파?

Em bị đau ▢ ạ.
앰 비 다우 ▢ 아
저는 ~이/가 아파요.

1 đầu [더우] 머리
2 bụng [붕] 배
3 chân [쩐] 다리
4 lưng [릉] 등

 문제로 확인해 보기

베트남어는 우리말로, 우리말은 베트남어로 바꿔 보세요.

1 Em bị đau đầu. ▶ _____

2 Chị bị đau bụng. ▶ _____

3 나(형/오빠)는 다리가 아파. ▶ _____

오늘의 10분 끝!

22 영수증을 주세요.

cho tôi로 무엇을 달라고 요청하기

(2분) 초간단 개념 잡기

'cho 쪼 + A(대상) + B(명사)'의 형태에서 cho 쪼 는 '주다'라는 동사로 쓰여 'A에게 B를
주다'라는 표현이 돼요. A가 1인칭일 경우에는 상대에게 '(나에게) ~을 주세요'라는 의미
가 되고요. 공손하게 표현하려면 문장의 앞에 xin을 붙이세요.

> 식당 등 공공장소에서 비슷한 또래나 손아래 사람에게는 tôi를 쓰는 경우가 많아요.

(Xin)	Cho	tôi	hoá đơn
(씬)	쪼	또이	화 던
(공손 표현)	주다	나	영수증
		(사회적 관계)	

(2분) 입에서 바로 나오는 문장 말하기 🎧 22-1

Cho tôi cà phê.
쪼　또이 까 페

나에게 커피를 주세요.

Cho tôi thực đơn.
쪼　또이 특 던

나에게 메뉴를 주세요.

Cho tôi tiền lẻ.
쪼　또이 띠엔 래

나에게 잔돈을 주세요.

✓ 단어 체크

cho 쪼 주다 / hoá đơn 화던 영수증 / cà phê 까페 커피 / thực đơn 특던 메뉴 / tiền lẻ 띠엔래 잔돈

3분 회화로 응용하기 🎧 22-2

cho tôi 쪼 또이 를 사용하여 필요한 것을 달라고 요청하는 표현을 연습해 봅시다.

Cho tôi ____.
쪼   또이
나에게 ~을/를 주세요.

Vâng. Chị *chờ một chút.
벙   찌   쩌   몯   쭏
네. 잠시만 기다려 주세요.

1 hoá đơn [화 던] 영수증

2 thực đơn [특 던] 메뉴

3 giấy ăn [저이 안] 냅킨

4 nước cam [느억 깜] 오렌지 주스

★ chờ [쩌] 기다리다

3분 문제로 확인해 보기

베트남어는 우리말로, 우리말은 베트남어로 바꿔 보세요.

1 Cho tôi hoá đơn.　　　▶ _____

2 Cho tôi tiền lẻ.　　　▶ _____

3 나에게 오렌지 주스를 주세요.　▶ _____

오늘의 **10분** 끝!

오늘의 **10분** 시작!

23 당신을 만나게 되어 매우 기뻐요.

rất vui được으로 기쁜 이유 말하기

2분 초간단 개념 잡기

rất 젇 은 '매우'라는 의미의 정도부사이고, được 드억 은 동사 앞에 위치할 경우 '~하게 되
다'라는 수동태 표현이 돼요. rất vui được 젇부이드억 은 '~하게 되어 매우 기뻐요'라는 의미
를 나타내요.

Rất vui được	**gặp**	**anh**
젇 부이 드억	갑	아잉
~하게 되어 매우 기쁘다	만나다	당신(형/오빠)

 잊지 않으셨죠? 정도부사의 위치!!
• rất + 형용사 / • 형용사 + lắm/quá

2분 입에서 바로 나오는 문장 말하기 23-1

Rất vui được nói chuyện với anh.
젇 부이 드억 노이 쭈옌 버이 아잉

당신(형/오빠)과
이야기를 하게 되어
매우 기뻐요.

Rất vui được biết tên của chị.
젇 부이 드억 비엗 뗀 꾸어 찌

당신(누나/언니)의
이름을 알게 되어
매우 기뻐요.

Rất vui được gặp lại em.
젇 부이 드억 갑 라이 앰

너(동생)를
다시 만나게 되어
매우 기뻐.

✓ 단어 체크

rất 젇 매우 / vui 부이 기쁘다 / được 드억 ~하게 되다 / nói chuyện 노이쭈옌 이야기하다 / với 버이 ~와 (함께)

/ biết 비엗 알다 / lại 라이 다시

회화로 응용하기  🎧 23-2

rất vui được 젇부이드억 을 사용하여 기쁜 이유를 말하는 표현을 연습해 봅시다.

Rất vui được [   ].
젇 부이 드억
~하게 되어 매우 기뻐요.

Anh cũng *thế.
아잉 꿍 테
나도 그래.

1 gặp anh [갑 아잉] 오빠를 만나다

2 nói chuyện với anh [노이 쭈옌 버이 아잉] 오빠와 이야기하다

3 đến thăm anh [덴 탐 아잉] 오빠를 찾아뵙다

★ thế [테] 그러하다

문제로 확인해 보기

베트남어는 우리말로, 우리말은 베트남어로 바꿔 보세요.

1 Rất vui được gặp anh. ▶ _____

2 Rất vui được nói chuyện với anh. ▶ _____

3 너(동생)를 다시 만나게 되어 매우 기뻐. ▶ _____

오늘의 10분 끝!

24

너 좀 쉬어라.

~ đi로 가벼운 명령형 말하기

2분 초간단 개념 잡기

đi 디 가 문장의 끝에 위치할 경우, 그 문장을 가벼운 명령형으로 만드는 기능을 해요. 상대에게 '~해라/~하세요'의 의미를 전달할 수 있어요.

Em	nghỉ một chút	đi
앰	응이 몯 쭏	디
너(동생)	잠깐 쉬다	~해라

2분 입에서 바로 나오는 문장 말하기 🎧 24-1

Em trả lời đi.

앰 짜 러이 디

너(동생) 대답해라.

Anh nói lại đi.

아잉 노이 라이 디

당신(형/오빠) 다시 말해 봐요.

Chị đội mũ đi.

찌 도이 무 디

당신(누나/언니) 모자를 쓰세요.

✓ 단어 체크

nghỉ 응이 쉬다 / một chút 몯 쭏 조금(양, 시간) / đi 디 ~해라 / trả lời 짜 러이 대답하다 / nói 노이 말하다 /

lại 라이 다시 / đội 도이 쓰다 / mũ 무 모자

회화로 응용하기 🎧 24-2

đi 디 를 사용하여 가벼운 명령문 표현을 연습해 봅시다.

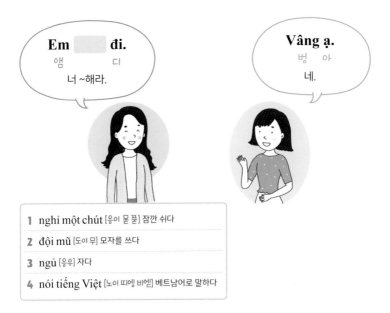

Em ___ **đi.**
앰   디
너 ~해라.

Vâng ạ.
벙   아
네.

1 nghỉ một chút [응이 몯 쭏] 잠깐 쉬다
2 đội mũ [도이 무] 모자를 쓰다
3 ngủ [응우] 자다
4 nói tiếng Việt [노이 띠엥 비엗] 베트남어로 말하다

문제로 확인해 보기

베트남어는 우리말로, 우리말은 베트남어로 바꿔 보세요.

1️⃣ Em nghỉ một chút đi.   ▶ _____

2️⃣ Anh nói lại đi.   ▶ _____

3️⃣ 당신(누나/언니) 베트남어로 말하세요. ▶ _____

오늘의 **10분** 끝!

25

우리 커피 마시자.

chúng ta ~ đi로 청유 표현 말하기

2분 초간단 개념 잡기

chúng ta 쭝따 는 듣는 사람을 포함한 '우리'를 의미해요. 대화 상황에서 'chúng ta 쭝따 + 동사 + 문미의 đi 디' 형태를 사용하면 듣는 사람에게 '(함께) ~하자'라는 의미를 전달할 수 있어요.

우리 ~하자

Chúng ta	uống	cà phê	đi
쭝 따	우옹	까 페	디
우리	마시다	커피	~하자

💡 chúng tôi는 듣는 사람을 제외한 '우리'예요.
예) Chúng tôi uống cà phê. 우리(듣는 사람 제외)는 커피를 마셔요.

2분 입에서 바로 나오는 문장 말하기   🎧 25-1

Chúng ta ăn cơm đi.
쭝 　 따 안 껌 디

우리 밥 먹자.

Chúng ta đi đá bóng đi.
쭝 　 따 디 다 봉 디

우리 축구하러 가자.

Chúng ta nghỉ một chút đi.
쭝 　 따 응이 몯 쭏 디

우리 조금 쉬자.

✓ 단어 체크

chúng ta 쭝따 우리 / uống 우옹 마시다 / cà phê 까페 커피 / ăn 안 먹다 / cơm 껌 밥 / đá 다 차다 / bóng 봉 공 / nghỉ 응이 쉬다 / một chút 몯쭏 조금(시간, 양)

회화로 응용하기 🎧 25-2

chúng ta ~ đi 쭝따~디를 사용하여 청유형 표현을 연습해 봅시다.

Chúng ta　　　đi.
　쭝　　따　　　디
우리　　　　~하자.

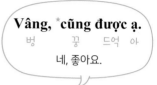

Vâng, *cũng được ạ.
　벙　　꿍　드억 아
네, 좋아요.

1　uống cà phê [우웅 까 페] 커피를 마시다
2　nghỉ một chút [응이 몯 쭏] 조금 쉬다
3　nghe nhạc [응애 냑] 음악을 듣다
4　đi chơi [디 쩌이] 놀러 가다

★ cũng được [꿍 드억]
또한 좋아요(상대의 의견에 대한 긍정 및 동의의 대답)

 **문제로 확인해 보기**

베트남어는 우리말로, 우리말은 베트남어로 바꿔 보세요.

1 Chúng ta uống cà phê đi. ▶ _____

2 Chúng ta nghỉ một chút đi. ▶ _____

3 우리 음악을 듣자. ▶ _____

이것은 펜이에요.

đây là로 가까이 있는 대상 말하기

초간단 개념 잡기

đây là 더이 라 는 '이것은 ~이다'의 의미로 화자와 가까이에 있는 사물을 지칭하는 말이에 요. 명사 앞에 분류사를 쓰는 경우, 일반 사물에는 cái 까이, 동물에는 con 꼰, 책 종류에는 quyển 꾸옌 그리고 과일 등에는 quả 꽈 를 사용해요.

Đây là	cái bút
더이 라	까이 붙
이것은 ~이다	펜

 đây는 꼭 사물만이 아니라 사람과 장소를 지칭하는 표현으로도 쓰여요.

(예) Đây là bố em. 이분은 저(동생)의 아버지예요.
　　 Đây là trường của chị. 이곳은 나(누나/언니)의 학교야.

입에서 바로 나오는 문장 말하기　🎧 26-1

Đây là con mèo.
더이 라 꼰 매오

이것은 고양이예요.

Đây là quyển sách tiếng Việt.
더이 라 꾸옌 싸익 띠엥 비엩

이것은 베트남어 책이에요.

Đây là quả chuối.
더이 라 꽈 쭈오이

이것은 바나나예요.

✓ 단어 체크

đây 더이 이것/이사람/이곳 / cái 까이 분류사(일반 사물) / bút 붙 펜 / con 꼰 분류사(동물) / quyển 꾸옌 분류사(책) / quả 꽈 분류사(과일, 동그란 물건) / mèo 매오 고양이 / sách 싸익 책 / tiếng Việt 띠엥 비엩 베트남어 / chuối 쭈오이 바나나

đây là 더이라 를 사용하여 가까이에 있는 대상을 묻고 답하는 표현을 연습해 봅시다.

Đây là ___ gì?
더이 라   지
이것은 무엇인가요?

Đây là ___.
더이 라
이것은 ~ 야.

1 cái [까이] 분류사(일반 사물)	1 cái bút [까이 붇] 펜
2 con [꼰] 분류사(생물)	2 con mèo [꼰 매오] 고양이
3 quả [꽈] 분류사(과일, 동그란 물건)	3 quả táo [꽈 따오] 사과
4 quyển [꾸옌] 분류사(책)	4 quyển sách tiếng Việt [꾸옌 싸익 띠엥 비엗] 베트남어 책

3분 문제로 확인해 보기

베트남어는 우리말로, 우리말은 베트남어로 바꿔 보세요.

1 Đây là cái bút.   ▶ _____

2 Đây là quả táo.   ▶ _____

3 이것은 고양이예요.   ▶ _____

오늘의 10분 끝!

1 대화의 빈칸에 알맞은 말을 쓰세요.

Chị bị đau ở đâu ạ?
(언니는 어디가 아파요?)

Chị _____ .
(나는 배가 아파.)

2 그림을 참고하여 빈칸에 알맞은 말을 써 보세요.

1 Đây là

2 Đây là

3 Đây là

| | . | | . | | . |

3 빈칸에 공통으로 들어갈 말로 가장 알맞은 것을 골라 보세요.

✓ Chúng ta _____ ăn cơm.

✓ Em trả lời _____ .

đi   đau   uống   nghỉ

4/ 자연스러운 대화가 되도록 연결해 보세요.

1 Chị bị đau ở đâu? •   • a) Quyển sách ạ.

2 Cho tôi hoá đơn. •   • b) Anh cũng thế.

3 Rất vui được gặp anh. •   • c) Chị bị đau đầu.

4 Đây là cái gì? •   • d) Vâng. Chị chờ một chút.

5/ 빈칸에 들어갈 말로 알맞은 것을 보기 에서 골라 써 보세요.

> 보기   họng / gặp lại / cà phê / nghe nhạc

1 저(동생)는 목이 아파요.

▶ Em bị đau _____.

2 나에게 커피를 주세요.

▶ Cho tôi _____.

3 당신(형/오빠)을 다시 만나게 되어 매우 기뻐요.

▶ Rất vui được _____ anh.

4 우리 음악을 듣자.

▶ Chúng ta _____ đi.

정답

1/ bị đau bụng

2/ 1 cái bút   2 con mèo   3 quả chuối

3/ đi

4/ 1 c   2 d   3 b   4 a

5/ 1 họng   2 cà phê   3 gặp lại   4 nghe nhạc

베트남의 교통수단 - 오토바이의 나라 베트남

베트남하면 오토바이 행렬이 연상될 정도로 오토바이는 베트남 사람들의 가장 보편적인 교통수단이에요. 하노이와 호찌민 시에 곧 지하철이 개통될 예정(2020년 기준)이지만, 두 대도시를 제외한 대다수 지역은 대중교통과 사회기반시설이 미비한 상황이에요. 그래서 오토바이는 여전히 베트남 사람들에게 가장 핵심적인 도로 교통수단이랍니다. 오토바이를 소유할 수 있는 만 18세 이상의 성인 4명 중 3명이 개인 오토바이를 갖고 있는 셈이라고 하니 그 수치가 어마어마하죠?! 성인 자녀가 있는 경우에는 한 가구 당 오토바이가 2, 3대 이상인 집들도 많답니다. 출퇴근 시간이면 오토바이 행렬로 가득한 도로를 쉽게 볼 수 있어요.

'쌔옴(xe ôm)'은 오토바이 택시를 일컫는 말이에요. 쌔(xe)는 '바퀴가 달린 탈 것'을, 옴(ôm)은 '안다'라는 뜻이랍니다. 뒤에 앉은 손님이 안전을 위해 기사를 안고 탄 데서 붙여진 이름이에요. 예전에는 승객이 쌔옴 기사와 직접 가격 흥정을 하였는데, 최근에는 스마트폰 사용이 대중화되면서 애플리케이션을 이용하여 쌔옴을 호출하는 추세랍니다.

스마트폰 애플리케이션 중 '그랩
(Grap)'을 알면 베트남에서 이동
이 편해져요. 그랩은 공유차량 업
체의 이름으로 '동남아시아의 우버
(Uber)'로 불려요. 그랩 애플리케
이션을 통해 근처의 기사를 호출해
승차하는 시스템이에요. 그랩 카나
그랩 바이크 혹은 그랩 택시 중 원
하는 교통수단을 직접 선택할 수 있

고, 미리 금액이 확정되어 바가지 요금에 대한 걱정이 없기 때문에 현지를 찾는 여
행객들이 많이 이용하고 있어요. 쌔옴이나 일반 택시에 비해 더 싸다는 장점도 있
답니다.

● 기타 대중 교통 수단

베트남의 택시는 콜택시 시스템이며 7인승 택시도 흔히 볼 수 있답니다. 택시 회사
종류에 따라 기본요금이 다르기 때문에 베트남에 처음 가는 사람이라면 미리 알고
가는 것이 좋아요. 기타 대중 교통수단으로는 버스도 있어요.

27

날씨가 너무 좋아요.

trời로 날씨 말하기

 초간단 개념 잡기

trời 쩌이 는 '하늘'이라는 의미를 갖지만, 날씨를 표현할 때도 쓸 수 있어요. 날씨를 나타내는 다른 말로 thời tiết 터이 띠엗 도 있답니다.

Trời	rất đẹp
쩌이	젇 댑
날씨가	너무 좋다

 입에서 바로 나오는 문장 말하기 🎧 27-1

Trời mưa.
쩌이 　 므어

날씨가 비가 와요.

Trời rất nóng và ẩm.
쩌이　 젇　 놓　 바　 엄

날씨가 매우 덥고 습해요.

Trời có tuyết.
쩌이　 꼬　 뚜옏

날씨가 눈이 와요.

✓ **단어 체크**

trời 쩌이 하늘, 날씨 / thời tiết 터이 띠엗 기후, 날씨 / đẹp 댑 아름답다, 좋다 / mưa 므어 비 오다 /
nóng 놓 덥다 / và 바 그리고 / ẩm 엄 습하다 / tuyết 뚜옏 눈

3분 회화로 응용하기

🎧 27-2

trời 쩌이 를 사용하여 날씨를 묻고 답하는 표현을 연습해 봅시다.

Trời/Thời tiết ở Seoul có đẹp không?
쩌이   터이 띠엗 어 서울 꼬 댑   콩
서울은 날씨가 좋은가요?

Trời   .
쩌이
날씨가 ~해요.

1	rất đẹp [젇 댑] 매우 좋다
2	mưa [므어] 비가 오다
3	mát [맏] 시원, 서늘하다
4	lạnh [라잉] 춥다

3분 문제로 확인해 보기

베트남어는 우리말로, 우리말은 베트남어로 바꿔 보세요.

1 날씨가 너무 좋아요.   ▶ _____

2 날씨가 눈이 와요.   ▶ _____

3 Trời rất lạnh.   ▶ _____

오늘의 10분 시작!

28 늦게 와서 미안해요.

xin lỗi vì로 미안한 이유 말하기

초간단 개념 잡기

xin lỗi 씬로이 는 '미안합니다'라는 의미로, 이유를 나타내는 vì 비 와 함께 써서 미안한 이유를 표현할 수 있어요.

Xin lỗi vì	em	đến muộn
씬 로이 비	앰	덴 무온
~의 이유로 미안하다	제(동생)가	늦게 오다

입에서 바로 나오는 문장 말하기 🎧 28-1

Xin lỗi vì em không gọi điện sớm.
씬 로이 비 앰 콩 고이 디엔 썸

제(동생)가
일찍 전화하지 않아
미안해요.

Xin lỗi vì em mượn tiền.
씬 로이 비 앰 므언 띠엔

제(동생)가
돈을 빌려서 미안해요.

Xin lỗi vì không đi với em được.
씬 로이 비 콩 디 버이 앰 드억

너(동생)와
함께 가지 못해 미안해.

✓ 단어 체크

đến 덴 오다 / muộn 무온 늦다 / gọi điện 고이디엔 전화를 걸다 / sớm 썸 이르다 / mượn 므언 빌리다 /
tiền 띠엔 돈 / với 버이 ~와 (함께)

회화로 응용하기

28-2

xin lỗi vì ^{씬로이비} 를 사용하여 미안한 이유를 말하는 표현을 연습해 봅시다.

Xin lỗi vì em .
씬 로이비 앰
제가 ~해서 미안해요.

Không sao.
콩 싸오
괜찮아.

1 đến muộn [덴 무온] 늦게 오다.

2 mượn tiền [므언 띠엔] 돈을 빌리다

3 không có thời gian [콩 꼬 터이 잔] 시간이 없다

4 không đi chơi được [콩 디 쩌이 드억] 놀러갈 수 없다

💡 미안하다는 표현에 대해
'không sao.(괜찮아요)'로 답해요.

문제로 확인해 보기

베트남어는 우리말로, 우리말은 베트남어로 바꿔 보세요.

1 제(동생)가 늦게 와서 미안해요. ▶ _____

2 제(동생)가 일찍 전화하지 않아 미안해요. ▶ _____

3 Xin lỗi vì em không đi chơi được. ▶ _____

오늘의 10분 끝!

29

너 여기 앉으렴.

mời로 권유, 초대 표현하기

 초간단 개념 잡기

mời 머이 는 '초대하다'의 의미로 '~하렴/~하세요'라는 권유, 초대의 표현으로 사용할 수 있어요.

Mời	em	ngồi ở đây
머이	앰	응오이 어 더이
~하렴/~하세요	너(동생)	여기에 앉다

 입에서 바로 나오는 문장 말하기 🎧 29-1

Mời anh ăn cơm.
머이 아잉 안 껌

당신(형/오빠) 식사하세요.

Mời chị đến nhà em.
머이 찌 덴 냐 앰

당신(누나/언니) 저(동생)의 집에 오세요.

Mời em vào.
머이 앰 바오

너(동생) 들어오렴.

✓ 단어 체크

ngồi 응오이 앉다 / ăn 안 먹다 / cơm 껌 밥 / vào 바오 들어오다

회화로 응용하기 🎧 29-2

mời 머이 를 사용하여 상대방에게 권유, 초대의 표현을 연습해 봅시다.

Mời em ___.
머이 앰
너 ~하렴.

Cảm ơn anh.
깜 언 아잉
고마워요 오빠.

1 ngồi ở đây [응오이 어 더이] 여기에 앉다

2 vào [바오] 들어오다

3 lên [렌] 올라가다

4 uống trà [우옹 짜] 차를 마시다

 권유, 초대에 대한 답으로
'cảm ơn.(고마워요)'이라고 말해요.

문제로 확인해 보기

베트남어는 우리말로, 우리말은 베트남어로 바꿔 보세요.

1 너(동생) 여기 앉으렴.   ▶ _____

2 당신(누나/언니) 저(동생)의 집에 오세요. ▶ _____

3 Mời em uống trà.   ▶ _____

오늘의 10분 끝!

30 제가 잠시 물어볼게요.

cho로 사역문 말하기

초간단 개념 잡기

cho 쪼 는 '주다', '~에게'라는 의미 외에 사역동사의 기능을 할 때가 있어요. 이 경우, 'cho 쪼 + 주어 + 동사'의 형태로 쓰며 '주어로 하여금 ~하게 하다', 즉 '제가 ~할게요/하게 해 주세요'의 의미로 상대방에게 허락을 구하는 표현이 돼요.

Cho	em	hỏi	một chút
쪼	앰	호이	몯 쭏
~하게 하다	저(동생)	묻다	잠시

 'cho + 대상'의 형태로 쓰는 경우 '~에게'라는 의미를 가져요.
예) Em đã gọi điện cho bố mẹ. 저(동생)는 부모님께 전화를 했어요.

입에서 바로 나오는 문장 말하기 🎧 30-1

Cho em nói chuyện với chị Thảo.
쪼 앰 노이 쭈옌 버이 찌 타오

제(동생)가 타오 누나/언니와 이야기하게 해 주세요.
통화시 타오 누나/언니를 바꿔 주세요.

Cho em đưa chị về nhà.
쪼 앰 드어 찌 베 냐

제(동생)가 당신(누나/언니)을 집에 데려다 줄게요.

Cho em gửi tiền.
쪼 앰 그이 띠엔

제(동생)가 돈을 보낼게요.
지불시 돈 여기 있어요.

✔ 단어 체크

hỏi 호이 묻다 / một chút 몯 쭏 잠시 / nói chuyện 노이 쭈옌 이야기하다 / đưa 드어 ~를 데리고 가다, 건네다 / về nhà 베 냐 집에 가다(오다) / gửi 그이 보내다 / tiền 띠엔 돈

회화로 응용하기

'cho 쪼 + 주어 + 동사'를 사용하여 사역문을 만드는 표현을 연습해 봅시다.

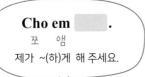

Cho em ⬜ .
쪼   앰
제가 ~(하)게 해 주세요.

*Ừ.
으
응.

1 hỏi một chút [호이 몯 쭏] 잠시 질문하다
2 đưa chị về nhà [드어 찌 베 냐] 누나를 집에 데려다 주다
3 chỉ đường cho chị [찌 드엉 쪼 찌] 누나에게 길을 알려 주다

★ Ừ [으] (가벼운 긍정) 응, 그래

문제로 확인해 보기

베트남어는 우리말로, 우리말은 베트남어로 바꿔 보세요.

1 제(동생)가 잠시 물어볼께요.   ▶ _____

2 제(동생)가 돈을 보낼게요.   ▶ _____

3 Cho em chỉ đường cho chị.   ▶ _____

당신이 다시 말씀해 주세요.

xin ~ ạ로 공손하게 말하기

초간단 개념 잡기

xin 씬 은 '청하다, 요청하다'의 의미로 'xin 씬 + (2인칭) + 동사'는 '2인칭(당신)이 ~하기
를 청하다, ~해 주세요'라는 표현으로 쓸 수 있어요. 여기에 존칭을 표현하는 ạ 아 와 함께
써서 더욱 공손하게 표현 할 수 있어요.

Xin	anh	nói lại	ạ
씬	아잉	노이 라이	아
청하다, ~해 주세요	당신(형/오빠)	다시 말하다	(존칭)

입에서 바로 나오는 문장 말하기　🔊 31-1

Xin cô viết lại ạ.
씬　꼬　비엘　라이 아

(여)선생님이 다시 써 주세요.

Xin chị ngồi đúng chỗ ạ.
씬　찌　응오이　둥　쪼 아

당신(누나/언니)은
제자리에 앉아 주세요.

Xin anh giảm giá ạ.
씬　아잉　쟘　쟈 아

당신(형/오빠)이 가격을 깎아 주세요.

✓ 단어 체크

nói 노이 말하다 / lại 라이 다시 / cô 꼬 (여)선생님 / viết 비엘 쓰다 / ngồi 응오이 앉다 / đúng 둥 맞다, 옳다
/ chỗ 쪼 자리, 좌석 / giảm 쟘 내리다, 줄이다 / giá 쟈 값, 가격

xin ~ ạ 씬 ~ 아 를 사용하여 공손하게 말하는 표현을 연습해 봅시다.

Xin anh ▢ **ạ.**
씬 아잉   아
오빠가 ~해 주세요.

Ừ.
으
응.

1 nói lại [노이 라이] 다시 말하다

2 giảm giá [잠 자] 가격을 깎다

3 ngồi ở đây [응오이 어 더이] 여기(이곳)에 앉다

4 viết thư cho em [비엗 트 쪼 앰] 나에게 편지 쓰다

문제로 확인해 보기

베트남어는 우리말로, 우리말은 베트남어로 바꿔 보세요.

1 당신(형/오빠)이 다시 말씀해 주세요. ▶ _____

2 당신(형/오빠)이 가격을 깎아 주세요. ▶ _____

3 Xin anh viết thư cho em ạ. ▶ _____

오늘의 10분 끝!

32

새해 복 많이 받으세요.

chúc mừng으로 축하 인사 말하기

 초간단 개념 잡기

chúc mừng 쭉믕 은 '축하하다'의 의미로 다음에 구체적인 내용을 덧붙여 축하 인사를 할
수 있어요.

> **Chúc mừng** **năm mới**
>
> 쭉 믕 남 머이
> (축하합니다) 새 해

= 새해 복 많이 받으세요.

> ⚠️ chúc만 쓰면 기원의 의미로 '~하길 바라'의 의미가 돼요.
> (예) Chúc ngủ ngon(잘자),   Chúc sức khoẻ(건강을 기원해=건강해.)

 입에서 바로 나오는 문장 말하기   🎧 32-1

Chúc mừng sinh nhật. 쭉 믕 씽 녇	생일 축하해요.
Chúc mừng em tốt nghiệp. 쭉 믕 앰 똗 응옙	졸업을 축하해요.
Chúc mừng em thi đỗ. 쭉 믕 앰 티 도	시험에 합격한 것을 축하해요.

✔ **단어 체크**

năm 남 해, 년(年) / mới 머이 새롭다 / sinh nhật 씽녇 생일 / tốt nghiệp 똗 응옙 졸업 / thi 티 시험 /
đỗ 도 합격하다

회화로 응용하기

🎧 32-2

chúc mừng 쭉뭉 을 사용하여 축하하는 표현을 연습해 봅시다.

Chúc mừng ___ .
쭉 뭉
~을/를 축하해.

Cảm ơn anh.
깜 언 아잉
고마워요 오빠.

> 1 năm mới [남 머이] 새해
> 2 em thi đỗ [앰 티 도] 시험에 합격하다
> 3 em lên chức [앰 렌 쭉] 승진하다
> 4 thành công của em [타잉 꽁 꾸어 앰] 너의 성공

문제로 확인해 보기

베트남어는 우리말로, 우리말은 베트남어로 바꿔 보세요.

1 새해 복 많이 받으세요. ▶ _____

2 생일 축하해요. ▶ _____

3 Chúc mừng thành công của em. ▶ _____

오늘의 **10**분 끝!

32 새해 복 많이 받으세요. **119**

1, 대화의 빈칸에 알맞은 말을 쓰세요.

_____ em đến muộn.

Không sao.

2, 주어진 단어와 어울리지 않는 단어를 고르세요.

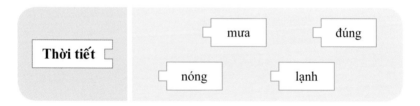

Thời tiết

mưa

đúng

nóng

lạnh

3, 베트남 여러 도시의 날씨 그림에 대해 맞게 표현한 문장을 고르세요.

Sa Pa

Hà Nội

Đà Nẵng

TP. Hồ Chí Minh

① Hà Nội - Trời nóng

② Đà Nẵng - Trời đẹp

③ Sa Pa - Trời có tuyết

④ TP. Hồ Chí Minh - Trời lạnh

4/ 빈칸에 들어갈 말을 써보세요.

1 날씨가 매우 좋아요.

▶ _____ rất đẹp.

2 당신(누나/언니) 들어오세요.

▶ _____ chị vào.

3 (남)선생님 다시 말씀해주세요.

▶ _____ thầy nói lại _____ .

4 생일 축하해.

▶ _____ sinh nhật·

5/ 자연스러운 문장이 되도록 연결해주세요.

1 Mời   •　　　　• a) năm mới.

2 Cho em   •　　　　• b) hỏi một chút.

3 Xin lỗi vì   •　　　　• c) anh ngồi ở đây.

4 Chúc mừng •　　　　• d) em không gọi điện sớm.

정답
1/ Xin lỗi vì
2/ đúng
3/ ③
4/ ① Thời tiết/Trời ② Mời ③ Xin, ạ ④ Chúc mừng
5/ ① c ② b ③ d ④ a

베트남의 공휴일을 알아보아요

일요일을 제외한 베트남의 연간 법정 공휴일은 다음과 같아요.

양력 뗏 (Tết Dương lịch 뗻즈엉릭)

1월 1일. 베트남의 양력 설로 하루 쉬어요.

원단절 (Tết Nguyên đán 뗻응웬단)

음력 1월 1일. 뗏(Tết)이라고도 하고 베트남의 설날이에요. 공식적으로 섣달 그믐날부터 음력 1월 4일까지 5일간 쉬어요. 국가 기관을 제외한 사업체 등에서는 짧게는 1주일 길게는 한 달 가까이 쉬는 곳도 있답니다.

훙브엉 선조 기일
(Giỗ Tổ Hùng Vương 조또훙브엉)

음력 3월 10일. 베트남의 건국 시조인 훙브엉(雄王)에게 제사를 지내고 건국의 공로를 기리는 날이에요. 덴 훙 축제일(ngày Lễ hội Đền Hùng 응아이 레 호이 덴 훙)이라고도 해요.

남부 해방, 통일 기념일 (Ngày Giải phóng miền Nam, Thống nhất đất nước
응아이 자이 퐁 미엔 남, 통 녓 덛 느억)

4월 30일. 전승 기념일(Ngày Chiến thắng 응아이 찌엔 탕) 혹은 통일 기념일 (ngày Thống nhất 응아이 통 녓)이라고도 해요. 1975년 4월 30일, 북부 군대와 남부 해방 민족 전선 군대가 싸이곤(Sài Gòn)을 해방시킨 날이에요. 이를 계기로 베트남 전쟁이 종식되고 남북이 통일되었어요.

국제 노동절
(Ngày Quốc tế Lao động
응아이 꿕 떼 라오 동)

5월 1일. 4월 30일 통일기념일에 이어서 쉴 수 있기 때문에 베트남에서 황금 연휴가 되는 날이에요.

베트남 국경일
(Ngày Quốc khánh Việt Nam
응아이 꿕 카잉 비엗 남)

9월 2일. 1945년 9월 2일 호찌민 주석이 하노이 바딘(Ba Đình) 광장에서 독립 선언문을 낭독한 것을 기념하는 날이에요.

떼(Tết, 베트남의 설) 기간에는 음식점이나 가게 등 문을 닫는 곳이 많아요. 여행을 계획하는 경우에는 꼭 주의하세요. 그리고 4월 30일부터의 황금연휴 기간에는 어디를 가든 인산인해를 이룬다는 점도요.

PART 04

해 봐! 숫자를
이용해서 이렇게!

33 나는 여동생이 한 명 있어.

có로 가지고 있는 것 말하기

2분 초간단 개념 잡기

có 꼬 는 '가지다/있다'의 뜻으로, 소유나 존재를 나타내는 말이에요. '가지다'라는 뜻의
có 꼬 뒤에 다양한 명사를 써서 내가 가지고 있는 것을 표현할 수 있어요.

Anh	có	một em gái
아잉	꼬	몯 앰 가이
나(형/오빠)는	가지다/있다	여동생 한 명

2분 입에서 바로 나오는 문장 말하기 🎧 33-1

Anh có xe máy.
아잉 꼬 쎄 마이

나(형/오빠)는 오토바이가 있어.

Chị có nhà riêng.
찌 꼬 냐 지엥

나(누나/언니)는 개인 주택이 있어.

Em có một anh trai.
앰 꼬 몯 아잉 짜이

저(동생)는 형이/오빠가 한 명 있어요.

✔ 단어 체크

có 꼬 가지다, 있다 / một 몯 1, 하나 / em gái 앰 가이 여동생 / xe máy 쎄 마이 오토바이 / nhà riêng 냐 지엥
개인 주택 / anh trai 아잉 짜이 형/오빠

3분 회화로 응용하기 🎧 33-2

có 꼬 를 사용하여 가지고 있는 것을 말하는 표현을 연습해 봅시다.

Anh có ___.
아잉 꼬
형은 ~이/가 있어.

*Thế à? Em cũng *vậy.
테 아 앰 꿍 버이
그래요? 저도 그래요.

1 một em gái [몯 앰 가이] 여동생 한 명

2 xe máy [쌔 마이] 오토바이

3 thời gian [터이 잔] 시간

4 bạn gái [반 가이] 여자 친구

★ thế à [테 아] (놀라움을 표현) 그래요
★ vậy [버이] 그러하다

3분 문제로 확인해 보기

베트남어는 우리말로, 우리말은 베트남어로 바꿔 보세요.

1 Anh có một em gái.   ▶ _____

2 나(형/오빠)는 오토바이가 있어.   ▶ _____

3 나(형/오빠)는 여자 친구가 있어. ▶ _____

오늘의 10분 끝!

34 지금은 저녁 7시예요.

bây giờ là로 지금 시각 말하기

2분 초간단 개념 잡기

bây giờ 버이저 는 '지금'이라는 의미로 bây giờ là 버이저라 (지금은 ~이다) 뒤에 구체적 시각을 붙여서 현재 시각을 표현할 수 있어요. '숫자 + giờ 저 (시) + sáng 쌍 (오전)/trưa 쯔어 (낮)/chiều 찌에우 (오후)/đêm 뎀 (밤)'의 형태로 하루 어느 때 즈음의 시각인지 말할 수 있어요.

Bây giờ là	7 giờ	tối
버이 저 라	바이 저	또이
지금은 ~이다	7 시	저녁

2분 입에서 바로 나오는 문장 말하기 🎧 34-1

Bây giờ là 9 giờ sáng.
버이 저 라 찐 저 쌍

지금은 오전 9시예요.

Bây giờ là 12 giờ trưa.
버이 저 라 므어이하이 저 쯔어

지금은 낮 12시예요.

Bây giờ là 3 giờ chiều.
버이 저 라 바 저 찌에우

지금은 오후 3시예요.

✓ 단어 체크

bây giờ 버이저 지금 / là 라 ~이다 / giờ 저 ~시 / tối 또이 저녁 / sáng 쌍 아침 / trưa 쯔어 낮 /
chiều 찌에우 오후 / đêm 뎀 밤

3분 회화로 응용하기

🎧 34-2

bây giờ là 버이저라 를 사용하여 현재 시각을 묻고 답하는 표현을 연습해 봅시다.

Bây giờ là *mấy giờ?
버이 저 라 머이 저
지금 몇 시야?

Bây giờ là　　　　.
버이 저 라
지금은 ~예요

1 7 giờ tối [바이 저 또이] 저녁 7시

2 10 giờ sáng [므어이 저 쌍] 오전 10시

3 4 giờ chiều [본 저 찌에우] 오후 4시

4 11 giờ đêm [므어이몯 저 뎀] 밤 11시

★ mấy [머이] 몇, 얼마(10보다 적은 수에 사용하는 의문사)
mấy giờ? [머이 저] 몇 시?

3분 문제로 확인해 보기

베트남어는 우리말로, 우리말은 베트남어로 바꿔 보세요.

1 Bây giờ là 7 giờ tối.　▶ _____

2 지금은 낮 12시예요.　▶ _____

3 지금은 오전 10시예요.　▶ _____

오늘의 10분 끝!

35 오늘이 무슨 요일이에요?

thứ mấy로 요일 물어보기

2분 초간단 개념 잡기

thứ mấy 트 머이 는 'thứ 트 (~번째) + 의문사 mấy 머이 (몇/얼마)'가 결합한 형태로 요일을 물어볼 때 쓰는 표현이에요. 요일은 'thứ 트 + 숫자' 형태로 표현해요. 단, 일요일은 chủ nhật 쭈녣 (주일)이라고 해요.

Hôm nay	là	thứ mấy?
홈 나이	라	트 머이
오늘	~이다	무슨 요일?

2분 입에서 바로 나오는 문장 말하기 🎧 35-1

Hôm qua là thứ mấy?
홈 꽈 라 트 머이

어제가 무슨 요일이에요?

Ngày mai là thứ mấy?
응아이 마이 라 트 머이

내일이 무슨 요일이에요?

Sinh nhật của chị là thứ mấy?
씽 녇 꾸어 찌 라 트 머이

당신(누나/언니)의 생일이 무슨 요일이에요?

✔ 단어 체크

hôm nay 홈나이 오늘 / thứ mấy 트머이 무슨 요일 / hôm qua 홈꽈 어제 / ngày mai 응아이마이 내일 /
sinh nhật 씽녇 생일 / của 꾸어 ~의(소유격)

3분 회화로 응용하기 🎧 35-2

thứ mấy? 트 머이 를 사용하여 요일을 묻고 답하는 표현을 연습해 봅시다.

> ___ là thứ mấy?
> 라 트 머이
> ~이/가 무슨 요일이에요?

> *Thứ tư.
> 트 뜨
> 수요일이야.

1 Hôm nay [홈 나이] 오늘

2 Ngày mai [응아이 마이] 내일

3 Hai ngày sau [하이 응아이 싸우] 이틀 후

4 Sinh nhật của anh [씽 녇 꾸어 아잉] 형의 생일

★ thứ tư [트 뜨] 수요일

3분 문제로 확인해 보기

베트남어는 우리말로, 우리말은 베트남어로 바꿔 보세요.

1 Hôm nay là thứ mấy? ▶ _____

2 어제가 무슨 요일이에요? ▶ _____

3 형의 생일이 무슨 요일이에요? ▶ _____

> 오늘의 **10분** 끝!

36 오늘이 며칠이에요?

ngày bao nhiêu로 날짜 물어보기

2분 초간단 개념 잡기

ngày bao nhiêu 응아이 바오 녜우 는 '며칠'이라는 의미로 날짜를 물어볼 때 쓰는 표현입니다.
bao nhiêu 바오 녜우 는 '몇/얼마'라는 뜻의 의문사로 10을 넘는 비교적 큰 수에 사용해요.

Hôm nay	là	ngày bao nhiêu?
홈 나이	라	응아이 바오 녜우
오늘은	~이다	며칠?

2분 입에서 바로 나오는 문장 말하기　　🎧 36-1

Hôm qua là ngày bao nhiêu?
홈　꽈　라 응아이 바오　녜우

어제가 며칠이에요?

Sinh nhật của em là ngày bao nhiêu?
씽　녓　꾸어 앰 라 응아이 바오　녜우

너(동생)의 생일이
며칠이야?

Thứ sáu tuần này là ngày bao nhiêu?
트 싸우 뚜언 나이 라 응아이 바오　녜우

이번 주 금요일이
며칠이에요?

✓ 단어 체크

ngày bao nhiêu 응아이 바오 녜우 며칠 / thứ sáu 트 싸우 금요일 / tuần 뚜언 주(週) / này 나이 이(지시사)

ngày bao nhiêu? 응아이 바오 녜우 를 사용하여 날짜를 묻고 답하는 표현을 연습해 봅시다.

> ___ là ngày bao nhiêu?
> 라 응아이 바오 녜우
> ~이/가 며칠이에요?

> Ngày 12 tháng 5.
> 응아이 므어이 하이 탕 남
> 5월 12일이야.

1 Hôm nay [홈 나이] 오늘

2 Sinh nhật của anh [씽 녓 꾸어 아잉] 형의 생일

3 Ngày khai trường [응아이 카이 쯔엉] 개강일

4 Ngày tốt nghiệp [응아이 똗 응옙] 졸업식 날

> 💡 날짜 표현: ngày(일), tháng(월), năm(년)의 순서.
> 'ngày+숫자', 'tháng+숫자', 'năm+숫자'로
> 표현한답니다.

3분 문제로 확인해 보기

베트남어는 우리말로, 우리말은 베트남어로 바꿔 보세요.

1 Hôm nay là ngày bao nhiêu? ▶ _____

2 너(동생)의 생일이 며칠이야? ▶ _____

3 졸업식 날이 며칠이에요? ▶ _____

> ### 오늘의 10분 끝!

37 올해 당신은 몇 살이에요?

bao nhiêu tuổi로 나이 물어보기

초간단 개념 잡기

bao nhiêu tuổi _{바오 네우 뚜오이} 는 '몇 살이에요'라는 의미로 나이를 물어볼 때 쓰는 표현이에요. 'bao nhiêu _{바오 네우} (몇/얼마) + tuổi _{뚜오이} (나이)'의 결합 형태랍니다.

Năm nay	**anh**	**bao nhiêu tuổi?**
남 나이	아잉	바오 네우 뚜오이
올해	당신(형/오빠)은	몇 살이에요?

2분 입에서 바로 나오는 문장 말하기 🎧 37-1

Năm nay chị bao nhiêu tuổi?
남 나이 찌 바오 네우 뚜오이

올해 당신(누나/언니)은
몇 살이에요?

Em bao nhiêu tuổi?
앰 바오 네우 뚜오이

너(동생)는 몇 살이야?

Ông giám đốc bao nhiêu tuổi?
옹 잠 독 바오 네우 뚜오이

사장님은 몇 살이에요?

✓ 단어 체크

năm nay _{남 나이} 올해 / bao nhiêu tuổi _{바오 네우 뚜오이} 몇 살 / giám đốc _{잠 독} 사장

bao nhiêu tuổi? 바오 녜우 뚜오이 를 사용하여 나이를 묻고 답하는 표현을 연습해 봅시다.

bao nhiêu tuổi?
바오 녜우 뚜오이
~은/는 몇 살이에요?

33 tuổi.
바 므어이 바 뚜오이
33살이야.

1	Năm nay anh [남 나이 아잉] 올해 형
2	Ông giám đốc [옹 잠 독] 사장님
3	Chị Thảo [찌 타오] 타오 누나
4	Cô giáo lớp Tiếng Việt [꼬 자오 럽 띠엥 비엩] 베트남어 수업 (여)선생님

문제로 확인해 보기

베트남어는 우리말로, 우리말은 베트남어로 바꿔 보세요.

1 Năm nay anh bao nhiêu tuổi? ▶ _____

2 너(동생)는 몇 살이야? ▶ _____

3 베트남어 수업 (여)선생님은 몇 살이에요? ▶ _____

오늘의 10분 끝!

38 이것은 얼마인가요?

bao nhiêu tiền으로 가격 물어보기

2분 초간단 개념 잡기

bao nhiêu tiền ^{바오 녜우 띠엔} 은 '얼마인가요'라는 의미로 가격을 묻는 표현이에요. cái ^{까이} 는 사물명사에 쓰는 분류사로, 지시사 này ^{나이} 와 같이 쓸 경우 가까이 있는 사물을 지칭 하는 '이것'의 의미가 돼요.

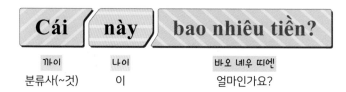

Cái	này	bao nhiêu tiền?
까이	나이	바오 녜우 띠엔
분류사(~것)	이	얼마인가요?

2분 입에서 바로 나오는 문장 말하기 🎧 38-1

Quả cam này bao nhiêu tiền?
꽈 깜 나이 바오 녜우 띠엔

이 오렌지는 얼마인가요?

Quyển sách này bao nhiêu tiền?
꾸옌 싸익 나이 바오 녜우 띠엔

이 책은 얼마인가요?

Cái áo này bao nhiêu tiền?
까이 아오 나이 바오 녜우 띠엔

이 옷은 얼마인가요?

✓ 단어 체크

cái ^{까이} 분류사(무생물) / này ^{나이} 이 / tiền ^{띠엔} 돈 / quả ^꽈 분류사(과일) / cam ^깜 오렌지 / quyển ^{꾸옌} 분류사(책) / sách ^{싸익} 책 / áo ^{아오} 옷

bao nhiêu tiền? 바오 녜우 띠엔 를 사용하여 가격을 묻고 답하는 표현을 연습해 봅시다.

bao nhiêu tiền?
바오   녜우   띠엔
~은/는 얼마입니까?

đồng.
동
~동.

1	Cái này [까이 나이] 이것
2	Quả cam này [꽈 깜 나이] 이 오렌지
3	Cái áo này [까이 아오 나이] 이 옷
4	Quyển sách *đó [꾸옌 싸익 도] 그 책

★ đó [도] 그(지시사)

1	12.500(mười hai nghìn năm trăm) [므어이 하이 응인 남 짬]
2	5.000(năm nghìn) [남 응인]
3	1.250.000(một triệu hai trăm năm mươi nghìn) [몯 찌에우 하이 짬 남 므어이 응인]
4	600.000(sáu trăm nghìn) [싸우 짬 응인]

 문제로 확인해 보기

베트남어는 우리말로, 우리말은 베트남어로 바꿔 보세요.

1 Cái này bao nhiêu tiền?   ▶ _____

2 이 오렌지는 얼마인가요?   ▶ _____

3 그 책은 얼마입니까?   ▶ _____

오늘의 10분 끝!

1, 다음 숫자들을 베트남어로 써 보세요.

① **5** ② **9** ③ **33**

_____ _____ _____

④ **100** ⑤ **1000**

_____ _____

2, 다음 단어들 중 성격이 다른 것 하나를 골라 ◯표 해 보세요.

thứ tư   năm mươi tuổi

thứ sáu   chủ nhật

3, 빈칸에 들어갈 말로 알맞은 것을 보기 에서 골라 써 보세요.

보기   có / thứ mấy / ngày bao nhiêu / bao nhiêu tiền

① 이것은 얼마인가요?   ▶ Cái này _____?

② 졸업식 날이 며칠이에요?   ▶ Ngày tốt nghiệp là _____?

③ 내일이 무슨 요일이에요?   ▶ Ngày mai là _____?

④ 나(형/오빠)는 여동생이 한 명 있어. ▶ Anh _____ một em gái.

4/ 달력을 참고하여 빈칸에 알맞은 말을 써 보세요.

7 JULY

SUN	MON	TUE	WED	THU	FRI	SAT
		▶hôm nay 1	1	2	3	4
5	⑥	7	8	9	10	11
12	13	14	15	16	17	18
19	20	21	22	23	24	25
㉖	27	28	29	30	31	

↳ sinh nhật của Mi-na

① A: Hôm nay là thứ mấy?

   B: Hôm nay là _____ .

② A: Thứ sáu tuần sau là ngày bao nhiêu?

   B: Thứ sáu tuần sau là _____ .

③ A: Sinh nhật của Mi-na là thứ mấy?

   B: _____ .

5/ 그림을 참고하여 빈칸에 알맞은 말을 써 보세요.

A Bây giờ là mấy giờ?

B Bây giờ là _____ .

정답

1/ ① năm ② chín ③ ba mươi ba ④ một trăm ⑤ một nghìn

2/ năm mươi tuổi

3/ ① bao nhiêu tiền ② ngày bao nhiêu ③ thứ mấy ④ có

4/ ① thứ hai ② ngày mười bảy (tháng bảy) ③ chủ nhật

5/ 2 giờ (hai giờ)

베트남의 명절 풍습 - 원단절

까치까치 설날은 어저께고요.. 우리우리 설날은 오늘이래요~♪♫

원단절(Tết Nguyên đán 뗄 응웬 단)은 베트남의 가장 큰 명절로 우리의 설날에 해당하는 날이에요. 베트남도 우리와 같이 음력설을 지낸답니다.
이날이 다가오면 베트남 사람들은 자신들의 집과 거리에 꽃과 설 장식을 하는데, 이 시기에 베트남에 가면 길거리에 아름답게 꾸며진 꽃들을 볼 수 있어요.

풍요와 번영을 상징하는 금귤나무(cây quất 꺼이 꿛)와 함께 북부에서는 복숭아나무(cây đào 꺼이 다오), 남부에서는 주로 매화나무(cây mai 꺼이 마이)를 둔답니다.

베트남에는 년 초에 집을 방문하는 쏭덧(xông đất)이라는 풍습이 있어요. 섣달 그믐 밤 이후 방문하는 첫 번째 사람이 그 집의 한 해의 운을 결정한다 하여 일부러 이 쏭덧을 해줄 사람을 물색하곤 해요.

우리는 설에 떡국을 먹지요! 베트남에서는 바인 쯩(bánh chưng)을 먹는데, 찹쌀로 만든 네모난 떡 안에 녹두, 돼지고기를 넣어 만든 음식이에요. 네모난 모양은 땅을 상징해요. 남부에서는 바인 땟(bánh tét)을 먹는답니다.

우리의 설과 마찬가지로, 베트남도 설이 되면 온 가족이 함께 모여 서로 덕담을 나누어요. 우리처럼 세배를 드리지는 않지만 세뱃돈을 주는 풍습도 있답니다. 이것을 리씨(lì xì)라고 하는데, 붉은색 또는 금색으로 된 봉투에 돈을 담아 줘요. 남녀노소 모두 이 리씨를 받으면 행복해 진답니다.

Chúc mừng năm mới,
쭉 뭉 남 머이
vạn sự như ý.
반 쓰 느 이

PART
05

해 봐! 궁금한 것들 물어보기!

오늘의 **10분** 시작!

39 누가 한국 사람이에요?

의문사 ai로 '누구'인지 묻기

2분 초간단 개념 잡기

ai _{아이} 는 의문사로, '누구'인지를 묻는 표현이에요. 쓰이는 위치, 결합하는 전치사에 따라
그 의미를 다양하게 쓸 수 있어요.

Ai	là	người	Hàn Quốc?
아이	라	응어이	한 꿕
누가	~이다	사람	한국

2분 입에서 바로 나오는 문장 말하기 🎧 39-1

Ai làm việc này?
아이 람 비엑 나이

누가 이 일을 하나요?

Ai là bố em?
아이 라 보 앰

누가 너(동생)의 아버지시니?

Ai là Se-ho?
아이 라 세호

누가 세호예요?

✓ 단어 체크

người 응어이 사람 / làm 람 일하다 / việc 비엑 일, 업무 / bố 보 아버지

3분 회화로 응용하기

🎧 39-2

ai? _{아이} 를 사용하여 '누구'인지 묻는 표현을 연습해 봅시다.

Ai [　　]?
아이
누가 ~(이)니?

Se-ho [　　].
세 호
세호가 ~에요.

1 là người Hàn Quốc [라 응어이 한 꿕] 한국 사람이다

2 là nhân viên công ti [라 년 비엔 꽁 띠] 회사 직원이다

3 làm việc ở đây [람 비엑 어 더이] 여기에서 일하다

3분 문제로 확인해 보기

베트남어는 우리말로, 우리말은 베트남어로 바꿔 보세요.

1 누가 한국 사람이에요?　　▶ _____

2 누가 너(동생)의 아버지시니?　　▶ _____

3 Ai làm việc ở đây?　　▶ _____

오늘의 10분 끝!

40 이 책은 어때?

thế nào로 상태 물어보기

⏱2분 초간단 개념 잡기

thế nào 테나오 는 상태를 묻는 의문사로, '~는 어때'의 의미에요. 'A(명사(구)) + thế
nào 테나오 ' 형태로 'A는 어때'라고 표현할 수 있어요.

Quyển sách này	thế nào?
꾸옌 싸익 나이	테 나오
이 책은	어때?

⏱2분 입에서 바로 나오는 문장 말하기 🎧 40-1

Hôm nay thời tiết thế nào?
홈 나이 터이 띠엗 테 나오

오늘 날씨가 어때?

Cái bút này thế nào?
까이 붇 나이 테 나오

이 펜은 어때?

Bố mẹ của em thế nào?
보 매 꾸어 앰 테 나오

너(동생)의 부모님은
어떠시니?(건강하시니?)

✓ 단어 체크

hôm nay 홈나이 오늘 / thời tiết 터이띠엗 기후, 날씨 / bút 붇 펜 / bố mẹ 보매 부모님

thế nào? 테나오 를 사용하여 상태를 묻고 답하는 표현을 연습해 봅시다.

thế nào?
테 나오
~은(는) 어때?

Rất (ạ).
젙   아
매우 ~해요.

1 Quyển sách này [꾸옌 싸익 나이] 이 책	**1** hay [하이] 재미있다
2 Em trai em [앰 짜이 앰] 너의 남동생	**2** đẹp trai [댑 짜이] 멋있다
3 Bố mẹ của em [보 매 꾸어 앰] 너의 부모님	**3** khoẻ [쾌] 건강하다
4 Học tiếng Việt [혹 띠엥 비엣] 베트남어를 공부하다	**4** thú vị [투 비] 흥미롭다, 재미있다

3분 문제로 확인해 보기

베트남어는 우리말로, 우리말은 베트남어로 바꿔 보세요.

1 이 책은 어때?　　　　　▶ _____

2 이 펜은 어때?　　　　　▶ _____

3 Bố mẹ của em thế nào?　▶ _____

오늘의 **10분** 끝!

41 화장실은 어디인가요?

ở đâu로 위치 물어보기

초간단 개념 잡기

ở đâu 어더우 는 '어디인가요'라는 의미로 장소의 위치를 묻는 표현이에요. 이에 대한 대답은 '~에 있다'의 의미인 ở 어 에 장소를 붙여 'ở 어 + 장소'의 형태로 대답하면 돼요.

Phòng vệ sinh | **ở đâu?**

풍 베 씽 | 어 더우
화장실 | 어디인가요?

입에서 바로 나오는 문장 말하기 🎧 41-1

Ga Seoul ở đâu?
가　서울　어 더우

서울역은 어디인가요?

Sân bay Nội Bài ở đâu?
썬　바이　노이　바이　어 더우

노이 바이 공항은 어디인가요?

Khách sạn ABC ở đâu?
카익　싼　아베쎄　어 더우

ABC 호텔은 어디인가요?

✔ 단어 체크

phòng vệ sinh 풍베씽 화장실 / ga 가 역 / sân bay 썬바이 공항 / khách sạn 카익싼 호텔

3분 회화로 응용하기 🎧 41-2

ở đâu? 어 더우 를 사용하여 위치를 묻고 답하는 표현을 연습해 봅시다.

⬜ ở đâu?
어 더우
~은/는 어디인가요?

⬜ ở *bên phải.
어 벤 파이
~은 오른쪽에 있어요.

1 Phòng vệ sinh [퐁 베 씽] 화장실
2 Sân bay Nội Bài [썬 바이 노이 바이] 노이 바이 공항
3 Bảo tàng Hà Nội [바오 땅 하 노이] 하노이 박물관
4 Chợ Bến Thành [쩌 벤 타잉] 벤타인 시장

★ bên phải [벤 파이] 오른쪽

3분 문제로 확인해 보기

베트남어는 우리말로, 우리말은 베트남어로 바꿔 보세요.

1 화장실은 어디인가요? ▶ _____

2 노이 바이 공항은 어디인가요? ▶ _____

3 Chợ Bến Thành ở đâu? ▶ _____

오늘의 10분 끝!

42 당신은 직업이 무엇인가요?

làm nghề gì로 직업 묻고 답하기

 초간단 개념 잡기

nghề 응에 는 '일, 분야'의 의미로 상대방의 직업을 물을 때, làm nghề gì? 람 응에 지 형태를 사용할 수 있어요. nghề 응에 를 생략한 '주어 + làm gì 람지' 형태도 직업을 묻는 표현으로 쓸 수 있어요.

Chị **làm nghề gì?**

찌   람 응에 지

당신(누나/언니)은   무슨 일을 합니까 = 직업이 무엇인가요?

 입에서 바로 나오는 문장 말하기  🎧 42-1

Anh làm nghề gì? 아잉 람 응에 지	당신(형/오빠)은 직업이 무엇인가요?
Em làm nghề gì? 앰 람 응에 지	너(동생)는 직업이 뭐야?
Chị Thảo làm nghề gì? 찌 타오 람 응에 지	타오 누나/언니는 직업이 무엇인가요?

✓ **단어 체크**

làm 람 일하다 / nghề 응에 일, 분야 / gì 지 의문사(무엇)

3분 회화로 응용하기　　🎧 42-2

làm nghề gì? 람응에지 를 사용하여 직업을 묻고 답하는 표현을 연습해 봅시다.

Chị làm nghề gì?
찌　람　응에　지
누나는 직업이 무엇인가요?

Chị là ___.
찌 라
나는 ~야.

> **1** nhân viên công ti [년 비엔 꽁 띠] 회사 직원
>
> **2** kiến trúc sư [끼엔 쭉 쓰] 건축가
>
> **3** sinh viên [씽 비엔] 대학생
>
> **4** đầu bếp [더우 벱] 요리사

3분 문제로 확인해 보기

베트남어는 우리말로, 우리말은 베트남어로 바꿔 보세요.

1 당신(누나/언니)은 직업이 무엇인가요?　▶ _____

2 Thảo 누나/언니는 직업이 무엇인가요?　▶ _____

3 Chị là sinh viên.　　　　　　　▶ _____

> ### 오늘의 **10분** 끝!

39-42 Review

1, 대화의 빈칸에 알맞은 말을 쓰세요.

Cái bút này

_____?

Cái bút này rất tốt.

2, 다음 대화를 읽고 하노이 역의 위치를 고르세요.

> **A** Xin lỗi, ga Hà Nội ở đâu?
>
> **B** Ga Hà Nội ở bên phải.

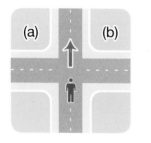

① (a)

② (b)

3, 주어진 단어와 알맞은 뜻을 연결하세요.

1 làm việc •   • a) 공항

2 thú vị •   • b) 일, 분야

3 sân bay •   • c) 흥미롭다

4 nghề •   • d) 일하다

4/ 자연스러운 대화가 되도록 연결해 보세요.

① Ai là người Hàn Quốc? •

② Bố mẹ em thế nào? •

③ Phòng vệ sinh ở đâu? •

④ Chị làm nghề gì? •

• a) Rất khoẻ.

• b) Chị là nhân viên công ti.

• c) Se-ho là người Hàn Quốc.

• d) Ở bên phải.

5/ 빈칸에 들어갈 알맞은 말을 보기 에서 골라 써 보세요.

> 보기   ai / đầu bếp / đẹp trai / khách sạn

① 나(누나/언니)는 요리사야.

▶ Chị là _____.

② 누가 베트남 사람인가요?

▶ _____ là người Việt Nam?

③ ABC 호텔은 어디인가요?

▶ _____ ABC ở đâu?

④ 너(동생)의 남동생은 매우 멋있다.

▶ Em trai của em rất _____.

정답

1/ thế nào

2/ ②

3/ ① d ② c ③ a ④ b

4/ ① c ② a ③ d ④ b

5/ ① đầu bếp ② Ai ③ Khách sạn ④ đẹp trai

베트남 화폐

호찌민(1890~1969, Hồ Chí Minh)은 베트남 민주공화국의 초대 국가 주석이자, 베트남 민중을 이끈 혁명 지도자예요. 호찌민은 베트남의 국부로 칭송받는데, 그의 온화하고 친근한 성품으로 박호(Bác Hồ: 호 큰아버지)라고도 불린답니다. 그의 사후 시신은 그가 독립 선언문을 발표했던 바딘(Ba Đình)광장에 안치되었고, 수많은 사람들이 이곳에 와 참배를 드리고 있어요. 이처럼 베트남 국민에게 중요한 호찌민의 사진은 곳곳에서 볼 수 있어요. 보통 일반 가정집에서는 부모님의 사진과 함께 걸리기도 하고, 그를 기념하는 동상들도 베트남의 여기저기서 볼 수 있지요.

그럼 이 호찌민을 우리는 또 어디에서 만날 수 있을까요? 바로 우리가 늘 갖고 다니는 화폐랍니다. 베트남의 화폐는 플라스틱 재질로 되어있어서 잘 구겨지지 않고 물에 젖어도 괜찮아요. 그럼 베트남 화폐의 종류를 알아볼까요?

현재 베트남에서 발행되는 화폐 중 가장 큰 액수는 50만동이고, 가장 작은 액수는 100동이에요. 그렇지만, 100동 화폐는 잘 쓰이지 않아요. 동전은 200동, 500동, 1,000동, 2,000동, 5,000동이 있어요. 다만, 동전은 그 사용이 줄면서 2011년부터는 발행되지 않고 있어요.

앞면에는 모두 호찌민의 모습이 그려져 있고, 뒷면에는 하이퐁 항구, 수력발전소 같이 베트남의 공업화를 보여주는 것들과 함께, 문묘, 할롱베이 같은 베트남의 자연경관을 보여주는 그림들이 그려져 있어요.

Tip!!

ⓥ 베트남 화폐의 색과 크기가 유사하다보니, 2만동을 50만동으로, 또는 5만동을 20만동으로 착각하는 경우가 종종 발생해요! 돈을 내기 전에 다시 한 번 살펴보세요.

ⓥ 베트남의 화폐 단위가 커서 늘 '이게 우리나라 돈으로 얼마지?' 고민하게 되지요..!
금액에서 '0'을 하나 떼고 반으로 나누면 됩니다. 그럼 50,000동은 우리나라 돈으로 얼마일까요?
답 : 2,500원!!

ⓥ 달러를 베트남 화폐로 환전하는 경우, 100달러 화폐를 환전하는게 환율이 조금 더 좋아요.

ⓥ 환전 시 꼭 바꾼 돈을 확인하세요. 간혹 위조 화폐나 훼손 화폐가 있을 수도 있어요. 훼손 화폐는 가게에서 받지 않을 수도 있답니다.

43 당신의 생일은 언제인가요?

ngày nào로 날짜, 시기 물어보기

 초간단 개념 잡기

ngày nào 응아이 나오 는 '날, 일'을 나타내는 ngày 응아이 와 '어느, 어떤'을 의미하는 nào 나오
가 결합하여, '어느 날, 언제'라는 의미로 사용할 수 있어요.

Sinh nhật của chị	**là**	**ngày nào?**
씽 녓 꾸어 찌	라	응아이 나오
당신(누나/언니)의 생일은	~이다	어느 날, 언제?

 입에서 바로 나오는 문장 말하기 🎧 43-1

Tết Trung thu là ngày nào?
뗏 쭝 투 라 응아이 나오
중추절은
언제인가요?

Ngày về nước là ngày nào?
응아이 베 느억 라 응아이 나오
귀국하는 날은
언제인가요?

Ngày Quốc khánh Việt Nam là ngày nào?
응아이 꿕 카잉 비엩 남 라 응아이 나오
베트남 국경일은
언제인가요?

✔ **단어 체크**

ngày 응아이 날, 일 / sinh nhật 씽녓 생일 / nào 나오 어느, 어떤 / Tết Trung thu 뗏쭝투 중추절 / về 베
돌아가다(오다) / nước 느억 국가, 물 / Ngày Quốc khánh Việt Nam 응아이 꿕카잉비엩남 베트남 국경일

🎧 43-2

ngày nào? 응아이 나오 를 사용하여 날짜, 시기를 묻고 답하는 표현을 연습해 봅시다.

▢ **là ngày nào?**
라 응아이 나오
~은(는) 언제인가요?

▢ .
~야.

1 Sinh nhật của chị [씽 녓 꾸어 찌] 누나의 생일	**1** ngày 20 tháng 2 [응아이 하이 므어이 탕 하이] 2월 20일
2 Tết Trung thu [뗏 쭝 튀] 중추절	**2** ngày 15 tháng 8 âm lịch [응아이 므어이 람 탕 땀 엄 릭] 음력 8월 15일
3 Tết Nguyên đán [뗏 응웬 단] 원단절	**3** ngày ★mồng 1 tháng 1 âm lịch [응아이 몽몯 탕 몯 엄 릭] 음력 1월 1일
4 Ngày tốt nghiệp [응아이 똗 응옙] 졸업하는 날	**4** ngày 24 tháng 2 [응아이 하이 므어이뜨 탕 하이] 2월 24일

★ mồng [몽] 매달 초 1일~10일에 붙는 말

3분 문제로 확인해 보기

베트남어는 우리말로, 우리말은 베트남어로 바꿔 보세요.

1 당신(누나/언니)의 생일은 언제인가요? ▶ _____

2 중추절은 언제인가요? ▶ _____

3 Tết Nguyên đán là ngày nào? ▶ _____

오늘의 **10분** 끝!

44 당신은 어떤 색을 가장 좋아해요?

thích ~ nhất으로 가장 좋아하는 것 물어보기

2분 초간단 개념 잡기

nhất 녇 은 '가장, 제일'의 의미인 최상급 표현이에요. 여기에 '어떤, 어느'의 의미인 nào 나오 와 '좋아하다'의 의미인 thích 틱 을 활용하여 상대방이 가장 좋아하는 것을 물어볼 수 있어요.

Anh	**thích**	**màu nào**	**nhất?**
아잉	틱	마우 나오	녇
당신(형/오빠)은	좋아하다	어떤 색	가장, 제일(최상급)

2분 입에서 바로 나오는 문장 말하기 🔊 44-1

Chị thích mùa nào nhất?
찌 틱 무어 나오 녇

당신(누나/언니)은 어떤 계절을 가장 좋아해요?

Anh thích môn học nào nhất?
아잉 틱 몬 혹 나오 녇

당신(형/오빠)은 어떤 과목을 가장 좋아해요?

Anh thích số nào nhất?
아잉 틱 쏘 나오 녇

당신(형/오빠)은 어떤 숫자를 가장 좋아해요?

✓ 단어 체크

thích 틱 좋아하다 / màu 마우 색 / mùa 무어 계절 / môn học 몬혹 과목 / số 쏘 숫자

3분 회화로 응용하기 🎧 44-2

thích ~ nhất 틱~녇 을 사용하여 가장 좋아하는 것을 묻고 답하는 표현을 연습해 봅시다.

Chị thích ⬜ nhất?
찌 틱   녇
누나는 ~을(를) 가장 좋아해요?

Chị thích ⬜ nhất.
찌 틱   녇
나는 ~을(를) 가장 좋아해.

1 màu nào [마우 나오] 어떤 색	1 màu đỏ [마우 도] 빨간색
2 môn học nào [몬 혹 나오] 어떤 과목	2 môn Tiếng Việt [몬 띠엥 비엗] 베트남어 과목
3 món nào [몬 나오] 어떤 음식	3 món phở [몬 퍼] 퍼(쌀국수)
4 môn thể thao nào [몬 테 타오 나오] 어떤 운동 종목	4 bóng đá [봉 다] 축구

3분 문제로 확인해 보기

베트남어는 우리말로, 우리말은 베트남어로 바꿔 보세요.

1 당신(형/오빠)은 어떤 색을 가장 좋아해요? ▶ _____

2 당신(형/오빠)은 어떤 과목을 가장 좋아해요? ▶ _____

3 Chị thích món nào nhất? ▶ _____

오늘의 10분 끝!

45 너는 얼마 동안 베트남에 있을 거니?

trong bao lâu로 기간 물어보기

2분 초간단 개념 잡기

trong 쫑 은 '~동안', bao lâu 바오 러우 는 '얼마나 오래'라는 의미로, 함께 쓰면 기간을 묻는 표현이 돼요.

Em	sẽ	ở Việt Nam	trong bao lâu?
앰	쎄	어 비엘 남	쫑 바오 러우
너(동생)는 ~할 것이다 (미래)		베트남에 있다	얼마 동안?

2분 입에서 바로 나오는 문장 말하기 🎧 45-1

Chị sẽ làm việc ở đây trong bao lâu?
찌 쎄 람 비엑 어 더이 쫑 바오 러우

당신(누나/언니)은 얼마 동안 이곳에서 일할 거예요?

Anh sẽ sống ở Hàn Quốc trong bao lâu?
아잉 쎄 쏭 어 한 꾹 쫑 바오 러우

당신(형/오빠)은 얼마 동안 한국에서 살 거예요?

Em đã học tiếng Việt trong bao lâu?
앰 다 혹 띠엥 비엘 쫑 바오 러우

너(동생)는 얼마 동안 베트남어를 공부했니?

✓ **단어 체크**

sẽ 쎄 ~할 것이다(미래) / ở 어 ~에 있다, ~에(서) / làm việc 람 비엑 일을 하다 / sống 쏭 살다 /
đã 다 ~했다(과거) / học 혹 공부하다

3분 회화로 응용하기 🎧 45-2

trong bao lâu? 쫑바오러우 를 사용하여 기간을 묻고 답하는 표현을 연습해 봅시다.

Em sẽ   trong bao lâu?
엠 쎄   쫑 바오 러우
너는 얼마 동안 ~ 할 거야?

Trong   .
쫑
~ 동안이요.

1 ở Việt Nam [어 비엣 남] 베트남에 있다	**1** 1 tháng [몯 탕] 1달
2 làm việc ở đây [람 비엑 어 더이] 여기서 일하다	**2** 1 năm [몯 남] 1년
3 uống thuốc [우옹 투옥] 약을 먹다	**3** 3 ngày [바 응아이] 3일
4 tập thể dục [떱 테 죽] 운동하다	**4** 1 tuần [몯 뚜언] 1주일

3분 문제로 확인해 보기

베트남어는 우리말로, 우리말은 베트남어로 바꿔 보세요.

1 너(동생)는 얼마 동안 베트남에 있을 거니? ▶ _____

2 당신(누나/언니)은 얼마 동안 이곳에서 일할 거예요? ▶ _____

3 Em sẽ uống thuốc trong bao lâu? ▶ _____

오늘의 10분 끝!

46 언제 베트남에 가요?

khi nào로 시기 물어보기

2분 초간단 개념 잡기

khi nào 키나오 를 문장 앞에 쓰면, 앞으로 할 일에 대해 '언제'라고 시기를 묻는 표현이 돼요. 한편, 문장 끝에 쓰면 과거에 있었던 일이 발생한 시기를 묻는 표현이 된답니다.

Khi nào	chị	(sẽ) đi Việt Nam?
키 나오	찌	(쌔) 디 비엗 남
언제?	당신(누나/언니)은	베트남에 가다(갈 것이다)

 khi nào 대신 같은 의미로 bao giờ나 lúc nào를 쓸 수 있어요.

2분 입에서 바로 나오는 문장 말하기 🎧 46-1

Khi nào anh đi du lịch?
키 나오 아잉 디 주 릭
언제 당신(형/오빠)은 여행을 가요?

Khi nào anh đi du lịch Mĩ?
키 나오 아잉 디 주 릭 미
언제 당신(형/오빠)은 미국으로 여행 가요?

Khi nào chị về nước?
키 나오 찌 베 느억
언제 당신(누나/언니)은 귀국해요?

✔ 단어 체크

đi 디 가다 / du lịch 주릭 여행하다 / Mĩ 미 미국 / về nước 베느억 귀국하다

khi nào? 키 나오 를 사용하여 시기를 묻고 답하는 표현을 연습해 봅시다.

Khi nào chị　　?
키　나오　찌
언제 누나는 ~해요?

Ngày mai chị　　.
응아이　마이　찌
내일 나는 ~해.

1 đi Việt Nam [디 비엗 남] 베트남에 가다

2 đi du lịch Mĩ [디 주 릭 미] 미국에 여행가다

3 đi gặp bác sĩ [디 갑 박 씨] 의사를 만나러 가다(=병원가다)

4 đi thăm bố mẹ [디 탐 보 매] 부모님을 뵈러 가다

 문제로 확인해 보기

베트남어는 우리말로, 우리말은 베트남어로 바꿔 보세요.

1 언제 당신(누나/언니)은 베트남에 가요? ▶ _____

2 언제 당신(형/오빠)은 미국으로 여행을 가요? ▶ _____

3 Khi nào em đi gặp bác sĩ? ▶ _____

오늘의 **10분** 끝!

1/ 대화의 빈칸에 알맞은 말을 쓰세요.

_____ chị về nước?

Ngày mai chị về nước.

2/ 빈칸에 공통으로 들어갈 말을 골라 보세요.

> **A** Anh thích môn học nào _____ ?
>
> **B** Anh thích môn Tiếng Việt _____ .

① nhất   ② ngày nào   ③ trong bao lâu

3/ 주어진 단어와 알맞은 뜻을 연결하세요.

1 tháng   •   • a) 좋아하다

2 tập thể dục   •   • b) 운동하다

3 bóng đá   •   • c) 월(月), 개월

4 thích   •   • d) 축구

4/ 자연스러운 대화가 되도록 연결해 보세요.

1   Khi nào chị đi Việt Nam? •

2   Chị thích môn học nào nhất? •

3   Sinh nhật của chị là ngày nào? •

4   Chị sẽ sống ở Việt Nam trong bao lâu? •

• a)   Trong 1 năm.

• b)   Ngày 22 tháng 5

• c)   Ngày mai chị đi Việt Nam.

• d)   Chị thích môn Lịch sử nhất.

5/ 달력을 참고하여 빈칸에 알맞은 말을 쓰세요.

1   Sinh nhật của em là ngày nào?

_____ .

2   Em sẽ đi du lịch Việt Nam trong bao lâu?

_____ .

정답

1/   Khi nào

2/   ①

3/   1 c   2 b   3 d   4 a

4/   1 c   2 d   3 b   4 a

5/   1 Sinh nhật của em là ngày mồng 3 tháng 9.   2 Em sẽ đi du lịch Việt Nam trong 1 tuần.

베트남에서 꼭 가 봐야 하는 여행지

베트남과 한국 사이에 교류가 많아지면서 베트남에 대한 관심도 커지고 있어요. 이제는 한국에서 베트남 곳곳으로 가는 직항 노선도 많이 생겼어요. 그만큼 우리도 이제 베트남 이곳저곳을 여행할 수 있는 기회가 늘어났다는 것이겠죠.

베트남은 크게 북부, 중부, 남부로 나누어지고, 각 지역마다 다른 기후와 다양한 문화 유적을 가지고 있어요.

수도 하노이가 있는 북부는 대체로 우리나라와 같은 4계절의 기후를 가져요. 하노이의 북쪽으로 올라가면 가장 높은 판씨빵(Phan Xi Pang)산이 있고, 고산지대인 싸빠(Sa Pa)에서 다양한 소수종족을 볼 수 있지요. 동쪽으로는 '하늘에서 수 천 개의 용이 내려와' 이루어진 할롱(Hạ Long) 베이와 남쪽으로 옛 왕조의 유적이 있는 닌빈(Ninh Binh)이 있어요.

중부 지방은 남부 지방과 비슷하게 우기와 건기를 가져요. 이곳에는 베트남의 마지막 왕조인 응우옌(Nguyễn)왕조의 유적을 살펴볼 수 있는 후에(Huế)와 함께 옛 참파의 유적을 볼 수 있는 미썬(Mĩ Sơn)이 있지요. 또한, 요새 한국 사람들이 많이 찾는 항구 도시이자 휴양지인 다낭(Đà Nẵng), 옛 거점 무역도시이자 아름다운 옛 구시가지의 모습을 가지고 있는 호이안(Hội An)도 이곳에 있어요.

남부 지방에는 베트남의 경제 중심지인 호찌민시(Thành phố Hồ Chí Minh), 해안도시인 냐짱(Nha Trang), 어촌의 풍경과 함께 사막을 볼 수 있는 무이내(Mũi Né)가 있어요. 또한 이곳에는 베트남 사람들의 신혼여행지인 달랏(Đà Lạt)과 함께 메콩강을 따라 이루어진 수상시장과 수상가옥을 볼 수 있는 껀터(Cần Thơ)도 있지요. 하지만 뭐니 뭐니 해도 요새 한국 사람들은 아름다운 섬인 푸꿕(Phú Quốc)의 매력에 빠져 있답니다.

47 당신은 아침 식사를 했어요?

đã ~ chưa로 행위의 완료 여부 물어보기

초간단 개념 잡기

과거 시제를 나타내는 đã 다 를 chưa 쯔어 (문미)와 함께 쓰면 행위의 완료 여부를 묻는 '~했어요?'의 의미가 돼요. '주어 + đã 다 + 서술어 + chưa 쯔어 ?' 형태로 표현하고, 이 에 대한 긍정 대답은 rồi 조이 , 부정 대답은 chưa 쯔어 라고 해요.

Anh	**đã**	**ăn sáng**	**chưa?**
아잉	(다)	안 쌍	쯔어
당신(형/오빠)	과거 시제	아침을 먹다 (아침 식사를 하다)	~했어요?

입에서 바로 나오는 문장 말하기 🎧 47-1

Anh đã gặp ông giám đốc chưa?
아잉 다 갑 옹 잠 독 쯔어

당신(형/오빠)은 사장님을 만났어요?

Chị đã lập gia đình chưa?
찌 다 럽 자 딩 쯔어

당신(누나/언니)은 결혼했어요?

Em đã sửa xe chưa?
앰 다 쓰어 쌔 쯔어

너(동생)는 차를 수리했어?

✔ 단어 체크

ăn sáng 안쌍 아침 식사를 하다 / gặp 갑 만나다 / ông giám đốc 옹잠독 (남자)사장님 /

lập 럽 세우다, 이루다 / gia đình 자딩 가정, 가족 / lập gia đình 럽자딩 결혼하다 /

sửa 쓰어 수리하다, 고치다 / xe 쌔 차

3분 회화로 응용하기 🎧 47-2

đã ~ chưa? 다~쯔어 를 사용하여 행위의 완료 여부를 묻고 답하는 표현을 연습해 봅시다.

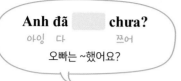

> **Anh đã   chưa?**
> 아잉 다   쯔어
> 오빠는 ~했어요?

> **Chưa.**
> 쯔어
> 아니(아직 안 했어).

1 ăn sáng [안 쌍] 아침 식사를 하다

2 sửa xe [쓰어 쌔] 차를 수리하다

3 làm bài tập [람 바이 떱] 과제를 하다

4 uống thuốc [우옹 투옥] 약을 먹다

3분 문제로 확인해 보기

베트남어는 우리말로, 우리말은 베트남어로 바꿔 보세요.

1 당신(형/오빠)은 아침 식사를 했어요? ▶ _____

2 당신(누나/언니)은 결혼했어요?   ▶ _____

3 Anh đã uống thuốc chưa?   ▶ _____

> **오늘의 10분 끝!**

48 여기서 호안 끼엠 호수까지 얼마나 먼가요?

bao xa로 거리 물어보기

2분 초간단 개념 잡기

bao xa **바오 싸** 는 '얼마나 먼가요'라는 의미로 거리를 물을 때 쓰는 표현이에요. từ ~ đến ~ **뜨~덴~** 은 '~에서 ~까지'라는 의미로 여기서는 거리를 한정 짓는 표현으로 써요.

Từ đây đến hồ Hoàn Kiếm	bao xa?
뜨 더이 덴 호 환 끼엠	바오 싸
여기서 호안 끼엠 호수까지	얼마나 먼가요?

💡 'từ ~ đến ~'은 시간을 한정 지을 때도 쓸 수 있어요.
예 từ 1 giờ đến 3 giờ (1시에서 3시까지)

2분 입에서 바로 나오는 문장 말하기 🎧 48-1

Từ đây đến đó bao xa?
뜨 더이 덴 도 바오 싸

여기서 거기까지
얼마나 먼가요?

Từ nhà em đến công ti bao xa?
뜨 냐 앰 덴 꽁 띠 바오 싸

너(동생)의 집에서
회사까지 얼마나 머니?

Từ Việt Nam đến Hàn Quốc bao xa?
뜨 비엗 남 덴 한 꿕 바오 싸

베트남에서 한국까지
얼마나 먼가요?

✓ 단어 체크

từ **뜨** ~부터 / đây **더이** 여기 / hồ **호** 호수 / bao xa **바오 싸** 얼마나 먼가요? / đó **도** 거기 /

công ti **꽁띠** 회사

bao xa? 바오 싸 를 사용하여 거리를 묻는 표현을 연습해 봅시다.

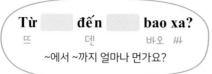

Từ ___ đến ___ bao xa?
뜨   덴   바오 싸
~에서 ~까지 얼마나 먼가요?

Khoảng 2 km.
쾅   하이 낄로맽
대략 2km야.

1 đây / hồ Hoàn Kiếm [더이 / 호 환 끼엠] 여기 / 호안 끼엠 호수
2 nhà anh / công ti [냐 아잉 / 꽁 띠] 오빠네 집 / 회사
3 công viên / bệnh viện [꽁 비엔 / 벵 비엔] 공원 / 병원
4 sân bay / khách sạn [썬 바이 / 카익 싼] 공항 / 호텔

3분 문제로 확인해 보기

베트남어는 우리말로, 우리말은 베트남어로 바꿔 보세요.

1 여기서 호안 끼엠 호수까지 얼마나 먼가요? ▸ _____

2 여기서 거기까지 얼마나 먼가요? ▸ _____

3 Từ sân bay đến khách sạn bao xa? ▸ _____

오늘의 10분 끝!

49 제가 입어 봐도 될까요?

được không으로 가능 여부 물어보기

2분 초간단 개념 잡기

được không 드억콩 은 문장 끝에 사용하여 가능 여부를 묻는 표현이에요. 긍정은 được 드억 , 부정은 không được 콩드억 이라 대답할 수 있어요.

Em	mặc thử	được không?
앰	막 트	드억 콩
제(동생)가	입어 보다	될까요?

💡 '동사 + thử'는 '동사+해 보다'의 의미랍니다.

2분 입에서 바로 나오는 문장 말하기

🎧 49-1

Em ăn thử món này được không?
앰 안 트 몬 나이 드억 콩

제(동생)가 이 음식을
먹어봐도 될까요?

Em hỏi đường một chút được không?
앰 호이 드엉 몯 쭏 드억 콩

제(동생)가 잠시 길을
물어도 될까요?

Em đi cùng với anh được không?
앰 디 꿍 버이 아잉 드억 콩

제(동생)가 당신(형/오빠)과
함께 가도 될까요?

✓ 단어 체크

mặc 막 입다 / thử 트 시험해 보다, 시도하다 / ăn 안 먹다 / món 몬 음식/ hỏi 호이 묻다 / đường 드엉 길
/ một chút 몯쭏 잠시 / cùng 꿍 ~와 함께 / với 버이 ~와(과)

3분 회화로 응용하기   🎧 49-2

được không? 드억콩 을 사용하여 가능 여부를 묻고 답하는 표현을 연습해 봅시다.

Em _____ được không?
앰   드억   콩
제가 ~해도 될까요?

Được.
드억
가능해요/돼요.

Không được.
콩   드억
불가능해요/안 돼요.

1   mặc thử [막 트] 입어 보다

2   hỏi đường một chút [호이 드엉 몯 쭏] 잠시 길을 묻다

3   nghỉ việc 1 năm [응이 비엑 몯 남] 일 년 휴직하다

4   mời anh đi ăn cơm [머이 아잉 디 안 껌] 식사에 초대하다

3분 문제로 확인해 보기

베트남어는 우리말로, 우리말은 베트남어로 바꿔 보세요.

1 제(동생)가 입어 봐도 될까요?   ▶ _____

2 제(동생)가 잠시 길을 물어도 될까요?   ▶ _____

3 Em mời anh đi ăn cơm được không? ▶ _____

오늘의 **10분** 끝!

50 왜 당신은 일하러 가지 않나요?

vì sao로 이유 물어보기

2분 초간단 개념 잡기

vì sao ^{비 싸오} 는 이유를 묻는 의문사로, 같은 의미로 sao ^{싸오}, tại sao ^{따이 싸오} 를 쓸 수도 있어요. 이에 대해 bởi vì ^{버이비}, vì ^비, tại vì ^{따이비} 등으로 대답할 수 있답니다.

Vì sao	anh	không đi làm?
비 싸오	아잉	콩 디 람
왜	당신(형/오빠)은	일하러 가지 않다

💡 tại sao는 vì sao와 의미는 같지만 조금 더 강한 어감을 전달해요.

2분 입에서 바로 나오는 문장 말하기 🎧 50-1

Vì sao anh thích bóng đá?
비 싸오 아잉 틱 봉 다

왜 당신(형/오빠)은
축구를 좋아해요?

Vì sao chị không đi gặp bác sĩ?
비 싸오 찌 콩 디 갑 박 씨

왜 당신(누나/언니)은
의사를 만나러 가지 않나요
(병원에 가지 않으세요)?

Vì sao em học tiếng Việt?
비 싸오 앰 혹 띠엥 비엗

왜 너(동생)는 베트남어 공부하니?

✔ 단어 체크

thích ^틱 좋아하다 / bóng đá ^{봉다} 축구 / gặp ^갑 만나다 / bác sĩ ^{박 씨} 의사

vì sao? 비 싸오 를 사용하여 이유를 묻고 답하는 표현을 연습해 봅시다.

Vì sao anh _____ ?
비 싸오 아잉
왜 오빠는 ~해요?

Vì anh _____ .
비 아잉
왜냐하면 나는 ~(하)기 때문이야.

1 không đi làm [콩 디 람] 일하러 가지 않다	**1** bị ốm [비 옴] 아프다
2 học tiếng Việt [혹 띠엥 비엣] 베트남어를 공부하다	**2** sẽ đi du lịch Việt Nam [쌔 디 주 릭 비엣 남] 베트남에 여행을 갈 것이다
3 không đi ăn cơm [콩 디 안 껌] 밥 먹으러 가지 않다	**3** không đói [콩 도이] 배고프지 않다
4 không đi chơi với em [콩 디 쩌이 버이 앰] 저(동생)와 놀러 가지 않다	**4** có hẹn khác [꼬 핸 칵] 다른 약속이 있다

베트남어는 우리말로, 우리말은 베트남어로 바꿔 보세요.

1 왜 당신(형/오빠)은 일하러 가지 않나요? ▶ _____

2 왜 너(동생)는 베트남어 공부하니? ▶ _____

3 Vì sao anh không đi ăn cơm? ▶ _____

오늘의 10분 끝!

1, 대화의 빈칸에 알맞은 말을 쓰세요.

Em _____,
được không?
(제가 입어봐도 될까요?)

Được.
(가능해요.)

2, 주어진 상황에 어울리는 의문사를 보기 에서 골라 쓰세요.

보기   bao xa / được không / vì sao

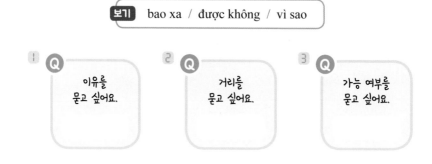

1 Q 이유를 묻고 싶어요.

2 Q 거리를 묻고 싶어요.

3 Q 가능 여부를 묻고 싶어요.

3, 빈칸에 들어갈 수 <u>없는</u> 말을 골라 보세요.

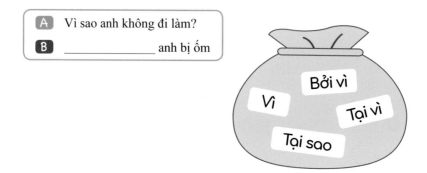

A Vì sao anh không đi làm?
B _____ anh bị ốm

Bởi vì
Vì
Tại vì
Tại sao

4/ 빈칸에 들어갈 알맞은 말을 **보기** 에서 골라 써 보세요.

> **보기** bao xa / được không / uống thuốc

1. 당신(형/오빠)은 약을 먹었나요?

   ▶ Anh đã _____ chưa?

2. 너(동생)의 집에서 학교까지 얼마나 머니?

   ▶ Từ nhà em đến trường _____ ?

3. 제(동생)가 길을 잠시 물어도 될까요?

   ▶ Em hỏi đường một chút _____ ?

5/ 자연스러운 대화가 되도록 단어들을 배열해 보세요.

> ? / xa / từ đây /
> bao / đến đó

> Khoảng 1km.

▶ _____

호안 끼엠 호수의 전설

베트남어는 한자를 사용하는 단어가 많다는 것을 알고 있나요? 하노이(Hà Nội)는 한자로 '河內'라고 하며 호수가 많은 도시라는 의미랍니다. 그 중 하노이의 중심부에 있는 호안 끼엠(Hoàn Kiếm)호수를 중심으로 구시가지가 펼쳐져 있는데요. 많은 여행객들은 이곳에서 쇼핑을 하거나 호수를 바라보며 열기를 식히는 등 이곳은 그야말로 하노이의 명소 중 하나랍니다. 또한, 이곳은 아름다운 경관과 함께 전설로도 유명한데요.

호안 끼엠 호수 전설 한번 알아볼까요?

호안 끼엠은 한자로 '還劍'이라 해요. '검을 돌려주다'의 의미지요. 이 의미를 알기 위해서 우리는 베트남의 레(Lê,黎)왕조 시기로 거슬러 올라가야 해요. 레 왕조가 건국되기 전, 베트남은 명(明)에게 복속되어 있었어요. 이러한 명의 통치에서 독립을 이뤄낸 사람이 바로 레 왕조를 창시한 레 러이(Lê Lợi, 黎利)예요. 레 러이는 호수에서 얻은 신검으로 명(明) 나라 군사를 물리치고 왕위에 올라요. 어느 날 신하들과 호수에 나간 레 러이는 신검을 돌려받으러 온 황금 거북에게 검을 돌려주었다고 해요. 이때부터 이 호수는 '검을 돌려준 호수'라는 의미의 호안 끼엠 호수, 또는 호 그엄(Hồ Gươm 검의 호수)이라 불리게 되었지요.

호안 끼엠 호수의 한쪽 중앙에는 거
북탑(Tháp Rùa 탑 주어)이 있고, 다
른 한편에는 응옥 썬(Ngọc Sơn)사
원이 있어요. 사원으로 이어진 빨간
테 훅(Thê Húc) 다리를 따라 들어가
면 안쪽에서 커다란 거북이를 발견할
수 있어요. 거북이는 이전부터 베트
남 사람들에게 영물로 여겨졌는데요.
이곳에 있는 거북이를 사람들은 황금
거북의 후손일 것이라고 믿고 있답니
다. 지금도 간혹 나라에 큰 일이 생기
기 전 호안 끼엠 호수에 거북이가 나
타난다고 하니 우리도 언젠가 이 거
북이를 만나 볼 수 있겠지요?

초판 인쇄	2020년 9월 21일
초판 발행	2020년 9월 29일
저자	강하나, 윤승연, 이강우
책임 편집	양승주, 권이준
펴낸이	엄태상
디자인	진지화
조판	이서영
콘텐츠 제작	김선웅, 전진우, 김담이
마케팅	이승욱, 전한나, 왕성석, 정지혜, 노원준, 조인선, 조성민
경영기획	마정인, 최성훈, 정다운, 김다미, 전태준, 오희연
물류	정종진, 윤덕현, 양희은, 신승진
펴낸곳	랭기지플러스
주소	서울시 종로구 자하문로 300 시사빌딩
주문 및 교재 문의	1588-1582
팩스	0502-989-9592
홈페이지	http://www.sisabooks.com
이메일	book_etc@sisadream.com
등록일자	2000년 8월 17일
등록번호	제1-2718호

ISBN 978-89-5518-792-2 (13790)

해 봐!

하루 10분 왕초보 베트남어

쓰기 노트

랭기지플러스

해 봐!

하루 **10**분

왕초보

베트남어

쓰기 노트

01 안녕하세요, 형/오빠.

1 Chào anh. 안녕하세요, 형/오빠.

Chào anh.

_____

_____

_____

2 Chào em. 안녕, 동생.

Chào em.

_____

_____

_____

3 Chào chị. 안녕하세요, 누나/언니.

Chào chị.

_____

_____

_____

02 저는 건강해요.

1 Em khoẻ. 저(동생)는 건강해요.

Em khoẻ.

_____

_____

_____

2 Chị khoẻ. 나(누나/언니)는 건강해요.

Chị khoẻ.

_____

_____

_____

3 Anh khoẻ. 나(형/오빠)는 건강해.

Anh khoẻ.

_____

_____

_____

1 Chị (có) khoẻ không? 당신(누나/언니)은 건강하세요?

Chị (có) khoẻ không?

---

2 Em (có) khoẻ không? 너(동생)는 건강하니?

Em (có) khoẻ không?

---

3 Anh (có) khoẻ không? 당신(형/오빠)은 건강하세요?

Anh (có) khoẻ không?

---

04 저는 미나예요.

1 **Em là Mi-na.** 저(동생)는 미나예요.

Em là Mi-na.

_____

_____

2 **Em là sinh viên.** 저(동생)는 대학생이에요.

Em là sinh viên.

_____

_____

3 **Chị là nhân viên công ti.** 나(누나/언니)는 회사원이야.

Chị là nhân viên công ti.

_____

_____

4 **Anh là người Hàn Quốc.** 나(형/오빠)는 한국 사람이야.

Anh là người Hàn Quốc.

_____

_____

05 너는 미나가 맞니?

1 **Em là Mi-na, phải không?** 너(동생)는 미나가 맞니?

Em là Mi-na, phải không?

_____

_____

2 **Em là sinh viên, phải không?** 너(동생)는 대학생이 맞니?

Em là sinh viên, phải không?

_____

_____

3 **Anh là bác sĩ, phải không?** 당신(형/오빠)은 의사가 맞아요?

Anh là bác sĩ, phải không?

_____

_____

4 **Chị là người Mĩ, phải không?**

당신(누나/언니)은 미국 사람이 맞아요?

Chị là người Mĩ, phải không?

_____

_____

1 Anh không phải là sinh viên. 나(형/오빠)는 대학생이 아니야.

Anh không phải là sinh viên.

_____

_____

2 Chị không phải là Mi-na. 나(누나/언니)는 미나가 아니야.

Chị không phải là Mi-na.

_____

_____

3 Anh không phải là giáo viên. 나(형/오빠)는 교사가 아니야.

Anh không phải là giáo viên.

_____

_____

4 Em không phải là người Nhật Bản.
저(동생)는 일본 사람이 아니에요.

Em không phải là người Nhật Bản.

_____

_____

07 나는 베트남어를 공부해.

1 **Anh học tiếng Việt.** 나(형/오빠)는 베트남어를 공부해.

Anh học tiếng Việt.

_____

_____

2 **Anh học tiếng Hàn.** 나(형/오빠)는 한국어를 공부해.

Anh học tiếng Hàn.

_____

_____

3 **Em học tiếng Anh.** 저(동생)는 영어를 공부해요.

Em học tiếng Anh.

_____

_____

4 **Chị học lịch sử.** 나(누나/언니)는 역사를 공부해.

Chị học lịch sử.

_____

_____

08 나는 서울에 살아.

1 **Anh sống ở Seoul.** 나(형/오빠)는 서울에 살아.

Anh sống ở Seoul.

_____

_____

2 **Anh sống ở chung cư.** 나(형/오빠)는 아파트에 살아.

Anh sống ở chung cư.

_____

_____

3 **Em sống ở trung tâm thành phố.**
저(동생)는 도시 중심부에 살아요.

Em sống ở trung tâm thành phố.

_____

_____

4 **Chị sống ở đường Hai Bà Trưng.**
나(누나/언니)는 하이 바 쯩 거리에 살아.

Chị sống ở đường Hai Bà Trưng.

_____

_____

1 Anh đi siêu thị. 나(형/오빠)는 슈퍼마켓에 가.

Anh đi siêu thị.

_____

_____

2 Anh đi Việt Nam. 나(형/오빠)는 베트남에 가.

Anh đi Việt Nam.

_____

_____

3 Em đi ngân hàng. 저(동생)는 은행에 가요.

Em đi ngân hàng.

_____

_____

4 Chị đi chợ. 나(누나/언니)는 시장에 가.

Chị đi chợ.

_____

_____

10 나의 취미는 독서야.

1 **Sở thích của anh là đọc sách.** 나(형/오빠)의 취미는 독서야.

Sở thích của anh là đọc sách.

_____

_____

2 **Sở thích của anh là xem phim.**
나(형/오빠)의 취미는 영화 보기야.

Sở thích của anh là xem phim.

_____

_____

3 **Sở thích của em là nghe nhạc.**
저(동생)의 취미는 음악 듣기예요.

Sở thích của em là nghe nhạc.

_____

_____

4 **Sở thích của chị là leo núi.** 나(누나/언니)의 취미는 등산이야.

Sở thích của chị là leo núi.

_____

_____

11 저는 버스를 타고 가요.

1 **Em đi bằng xe buýt.** 저(동생)는 버스를 타고 가요.

Em đi bằng xe buýt.

---

2 **Anh đi bằng xe máy.** 나(형/오빠)는 오토바이를 타고 가.

Anh đi bằng xe máy.

---

3 **Em đi bằng tàu điện ngầm.** 저(동생)는 지하철을 타고 가요.

Em đi bằng tàu điện ngầm.

---

4 **Chị đi bằng xe đạp.** 나(누나/언니)는 자전거를 타고 가.

Chị đi bằng xe đạp.

---

12 저는 너무 배고파요.

1 **Em đói quá.** 저(동생)는 너무 배고파요.

Em đói quá.

_____

_____

2 **Anh no quá.** 나(형/오빠)는 너무 배불러.

Anh no quá.

_____

_____

3 **Em buồn quá.** 저(동생)는 너무 슬퍼요.

Em buồn quá.

_____

_____

4 **Chị buồn ngủ quá.** 나(누나/언니)는 너무 졸려.

Chị buồn ngủ quá.

_____

_____

13 저는 보통 집에서 밥을 먹어요.

1 **Em thường ăn cơm ở nhà.**
저(동생)는 보통 집에서 밥을 먹어요.

Em thường ăn cơm ở nhà.
_____

_____

2 **Chị thường về nhà muộn.** 나(누나/언니)는 보통 늦게 귀가해.

Chị thường về nhà muộn.
_____

_____

3 **Anh thường dậy rất sớm.** 나(형/오빠)는 보통 매우 일찍 일어나.

Anh thường dậy rất sớm.
_____

_____

4 **Em thường ăn cơm một mình.**
저(동생)는 보통 혼자 밥을 먹어요.

Em thường ăn cơm một mình.
_____

_____

14 저는 베트남어를 말할 수 있어요.

1 **Em có thể nói tiếng Việt được.**
저(동생)는 베트남어를 말할 수 있어요.

Em có thể nói tiếng Việt được.
_____

_____

2 **Anh có thể hát được.** 나(형/오빠)는 노래를 할 수 있어.

Anh có thể hát được.
_____

_____

3 **Em có thể chơi piano được.**
저(동생)는 피아노를 연주할 수 있어요.

Em có thể chơi piano được.
_____

_____

4 **Chị có thể nấu ăn được.** 나(누나/언니)는 요리를 할 수 있어.

Chị có thể nấu ăn được.
_____

_____

15 저는 영화를 보고 싶어요.

1 **Em muốn xem phim.** 저(동생)는 영화를 보고 싶어요.

Em muốn xem phim.

_____

_____

2 **Anh muốn ăn phở.** 나(형/오빠)는 퍼(쌀국수)를 먹고 싶어.

Anh muốn ăn phở.

_____

_____

3 **Em muốn đi về nhà.** 저(동생)는 집에 돌아가고 싶어요.

Em muốn đi về nhà.

_____

_____

4 **Chị muốn mua áo dài.** 나(누나/언니)는 아오 자이를 사고 싶어.

Chị muốn mua áo dài.

_____

_____

16 나는 일을 더 해야 해.

① **Chị phải làm thêm.** 나(누나/언니)는 일을 더 해야 해.

Chị phải làm thêm.

_____

_____

② **Chị phải nghỉ một chút.** 나(누나/언니)는 잠시 쉬어야 해.

Chị phải nghỉ một chút.

_____

_____

③ **Em phải làm bài tập.** 저(동생)는 과제를 해야 해요.

Em phải làm bài tập.

_____

_____

④ **Anh phải uống thuốc.** 나(형/오빠)는 약을 먹어야 해.

Anh phải uống thuốc.

_____

_____

17 나는 아침을 먹었어.

1 **Chị đã ăn sáng.** 나(누나/언니)는 아침을 먹었어.

Chị đã ăn sáng.

_____

_____

2 **Chị đã đọc báo.** 나(누나/언니)는 신문을 읽었어.

Chị đã đọc báo.

_____

_____

3 **Em đã mua nón lá.** 저(동생)는 논라를 샀어요.

Em đã mua nón lá.

_____

_____

4 **Anh đã tập thể dục.** 나(형/오빠)는 운동을 했어.

Anh đã tập thể dục.

_____

_____

18 나는 텔레비전을 보고 있어.

1 **Chị đang xem ti vi.** 나(누나/언니)는 텔레비전을 보고 있어.

Chị đang xem ti vi.

_____

_____

2 **Chị đang làm việc.** 나(누나/언니)는 일을 하고 있어.

Chị đang làm việc.

_____

_____

3 **Em đang gọi điện thoại.** 저(동생)는 전화를 하고 있어요.

Em đang gọi điện thoại.

_____

_____

4 **Anh đang viết thư.** 나(형/오빠)는 편지를 쓰고 있어.

Anh đang viết thư.

_____

_____

19 나는 여행을 갈 거야.

❶ Chị sẽ đi du lịch. 나(누나/언니)는 여행을 갈 거야.

Chị sẽ đi du lịch.

---

❷ Chị sẽ học múa. 나(누나/언니)는 춤을 배울 거야.

Chị sẽ học múa.

---

❸ Em sẽ đi chơi. 저(동생)는 놀러 갈 거예요.

Em sẽ đi chơi.

---

❹ Anh sẽ đi thăm bố mẹ.
나(형/오빠)는 부모님을 방문하러 갈 거야.

Anh sẽ đi thăm bố mẹ.

---

1 Chị thích phở bò hơn phở gà.

나(누나/언니)는 닭고기 퍼보다 소고기 퍼를 더 좋아해.

Chị thích phở bò hơn phở gà.

---

2 Chị thích cà phê hơn trà. 나(누나/언니)는 차보다 커피를 더 좋아해.

Chị thích cà phê hơn trà.

---

3 Em thích phim tình cảm hơn phim hài.

저(동생)는 코믹 영화보다 멜로 영화를 더 좋아해요.

Em thích phim tình cảm hơn phim hài.

---

4 Anh thích bóng rổ hơn bóng đá.

나(형/오빠)는 축구보다 농구를 더 좋아해.

Anh thích bóng rổ hơn bóng đá.

---

21 저는 머리가 아파요.

1 **Em bị đau đầu.** 저(동생)는 머리가 아파요.

Em bị đau đầu.

_____

_____

2 **Em bị đau họng.** 저(동생)는 목이 아파요.

Em bị đau họng.

_____

_____

3 **Chị bị đau bụng.** 나(누나/언니)는 배가 아파.

Chị bị đau bụng.

_____

_____

4 **Anh bị đau mắt.** 나(형/오빠)는 눈이 아파.

Anh bị đau mắt.

_____

_____

22 영수증을 주세요.

1 **(Xin) Cho tôi hoá đơn.** 나에게 영수증을 주세요.

(Xin) Cho tôi hoá đơn.

_____

_____

2 **Cho tôi cà phê.** 나에게 커피를 주세요.

Cho tôi cà phê.

_____

_____

3 **Cho tôi thực đơn.** 나에게 메뉴를 주세요.

Cho tôi thực đơn.

_____

_____

4 **Cho tôi tiền lẻ.** 나에게 잔돈을 주세요.

Cho tôi tiền lẻ.

_____

_____

23 당신 만나게 되어 매우 기뻐요.

① Rất vui được gặp anh. 당신(형/오빠)을 만나게 되어 매우 기뻐요.

Rất vui được gặp anh.

---

② Rất vui được nói chuyện với anh.
당신(형/오빠)과 이야기를 하게 되어 매우 기뻐요.

Rất vui được nói chuyện với anh.

---

③ Rất vui được biết tên của chị.
당신(누나/언니)의 이름을 알게 되어 매우 기뻐요.

Rất vui được biết tên của chị.

---

④ Rất vui được gặp lại em. 너(동생)를 다시 만나게 되어 매우 기뻐.

Rất vui được gặp lại em.

---

24 너 좀 쉬어라.

① **Em nghỉ một chút đi.** 너(동생) 좀 쉬어라.

Em nghỉ một chút đi.

_____

_____

② **Em trả lời đi.** 너(동생) 대답해라.

Em trả lời đi.

_____

_____

③ **Anh nói lại đi.** 당신(형/오빠) 다시 말해봐요.

Anh nói lại đi.

_____

_____

④ **Chị đội mũ đi.** 당신(누나/언니) 모자를 쓰세요.

Chị đội mũ đi.

_____

_____

25 우리 커피 마시자.

① Chúng ta uống cà phê đi. 우리 커피 마시자.

Chúng ta uống cà phê đi.

_____

_____

② Chúng ta ăn cơm đi. 우리 밥 먹자.

Chúng ta ăn cơm đi.

_____

_____

③ Chúng ta đi đá bóng đi. 우리 축구하러 가자.

Chúng ta đi đá bóng đi.

_____

_____

④ Chúng ta nghỉ một chút đi. 우리 조금 쉬자.

Chúng ta nghỉ một chút đi.

_____

_____

26 이것은 펜이에요.

1 **Đây là cái bút.** 이것은 펜이에요.

Đây là cái bút.

_____

_____

2 **Đây là con mèo.** 이것은 고양이예요.

Đây là con mèo.

_____

_____

3 **Đây là quyển sách tiếng Việt.** 이것은 베트남어 책이에요.

Đây là quyển sách tiếng Việt.

_____

_____

4 **Đây là quả chuối.** 이것은 바나나예요.

Đây là quả chuối.

_____

_____

27 날씨가 너무 좋아요.

1 **Trời rất đẹp.** 날씨가 너무 좋아요.

Trời rất đẹp.

_____

_____

2 **Trời mưa.** 날씨가 비가 와요.

Trời mưa.

_____

_____

3 **Trời rất nóng và ẩm.** 날씨가 매우 덥고 습해요.

Trời rất nóng và ẩm.

_____

_____

4 **Trời có tuyết.** 날씨가 눈이 와요.

Trời có tuyết.

_____

_____

28 늦게 와서 미안해요.

1 **Xin lỗi vì em đến muộn.** 제(동생)가 늦게 와서 미안해요.

Xin lỗi vì em đến muộn.

_____

_____

2 **Xin lỗi vì em không gọi điện sớm.**
제(동생)가 일찍 전화하지 않아 미안해요.

Xin lỗi vì em không gọi điện sớm.

_____

_____

3 **Xin lỗi vì em mượn tiền.** 제(동생)가 돈을 빌려서 미안해요.

Xin lỗi vì em mượn tiền.

_____

_____

4 **Xin lỗi vì không đi với em được.**
너(동생)와 함께 가지 못해 미안해.

Xin lỗi vì không đi với em được.

_____

_____

29 너 여기 앉으렴.

1 **Mời em ngồi ở đây.** 너(동생) 여기 앉으렴.

Mời em ngồi ở đây.

_____

_____

2 **Mời anh ăn cơm.** 당신(형/오빠) 식사하세요.

Mời anh ăn cơm.

_____

_____

3 **Mời chị đến nhà em.** 당신(누나/언니) 저(동생)의 집에 오세요.

Mời chị đến nhà em.

_____

_____

4 **Mời em vào.** 너(동생) 들어오렴.

Mời em vào.

_____

_____

30 제가 잠시 물어볼게요.

1 **Cho em hỏi một chút.** 제(동생)가 잠시 물어볼게요.

Cho em hỏi một chút.

_____

_____

2 **Cho em nói chuyện với chị Thảo.**
제(동생)가 타오 누나/언니와 이야기하게 해 주세요.

Cho em nói chuyện với chị Thảo.

_____

_____

3 **Cho em đưa chị về nhà.**
제(동생)가 당신(누나/언니)을 집에 데려다 줄게요.

Cho em đưa chị về nhà.

_____

_____

4 **Cho em gửi tiền.** 제(동생)가 돈을 보낼게요.

Cho em gửi tiền.

_____

_____

31 당신이 다시 말씀해 주세요.

1 **Xin anh nói lại ạ.** 당신(형/오빠)이 다시 말씀해 주세요.

Xin anh nói lại ạ.

_____

_____

2 **Xin cô viết lại ạ.** (여)선생님이 다시 써 주세요.

Xin cô viết lại ạ.

_____

_____

3 **Xin chị ngồi đúng chỗ ạ.**
당신(누나/언니)은 제자리에 앉아 주세요.

Xin chị ngồi đúng chỗ ạ.

_____

_____

4 **Xin anh giảm giá ạ.** 당신(형/오빠)이 가격을 깎아 주세요.

Xin anh giảm giá ạ.

_____

_____

32 새해 복 많이 받으세요.

1 **Chúc mừng năm mới.** 새해 복 많이 받으세요.

Chúc mừng năm mới.

2 **Chúc mừng sinh nhật.** 생일 축하해요.

Chúc mừng sinh nhật.

3 **Chúc mừng tốt nghiệp.** 졸업을 축하해요.

Chúc mừng tốt nghiệp.

4 **Chúc mừng em thi đỗ.** 시험에 합격한 것을 축하해요.

Chúc mừng em thi đỗ.

33 나는 여동생이 한 명 있어.

1 **Anh có một em gái.** 나(형/오빠)는 여동생이 한 명 있어.

Anh có một em gái.

_____

_____

2 **Anh có xe máy.** 나(형/오빠)는 오토바이가 있어.

Anh có xe máy.

_____

_____

3 **Chị có nhà riêng.** 나(누나/언니)는 개인 주택이 있어.

Chị có nhà riêng.

_____

_____

4 **Em có một anh trai.** 저(동생)는 형이/오빠가 한 명 있어요.

Em có một anh trai.

_____

_____

34 지금은 저녁 7시예요.

1 **Bây giờ là 7 giờ tối.** 지금은 저녁 7시예요.

Bây giờ là 7 giờ tối.

_____

_____

2 **Bây giờ là 9 giờ sáng.** 지금은 오전 9시예요.

Bây giờ là 9 giờ sáng.

_____

_____

3 **Bây giờ là 12 giờ trưa.** 지금은 낮 12시예요.

Bây giờ là 12 giờ trưa.

_____

_____

4 **Bây giờ là 3 giờ chiều.** 지금은 오후 3시예요.

Bây giờ là 3 giờ chiều.

_____

_____

35 오늘이 무슨 요일이에요?

1 **Hôm nay là thứ mấy?** 오늘이 무슨 요일이에요?

Hôm nay là thứ mấy?

_____

_____

2 **Hôm qua là thứ mấy?** 어제가 무슨 요일이에요?

Hôm qua là thứ mấy?

_____

_____

3 **Ngày mai là thứ mấy?** 내일이 무슨 요일이에요?

Ngày mai là thứ mấy?

_____

_____

4 **Sinh nhật của chị là thứ mấy?**
당신(누나/언니)의 생일이 무슨 요일이에요?

Sinh nhật của chị là thứ mấy?

_____

_____

36 오늘이 며칠이에요?

1 **Hôm nay là ngày bao nhiêu?** 오늘이 며칠이에요?

Hôm nay là ngày bao nhiêu?

_____

_____

2 **Hôm qua là ngày bao nhiêu?** 어제가 며칠이에요?

Hôm qua là ngày bao nhiêu?

_____

_____

3 **Sinh nhật của em là ngày bao nhiêu?**
너(동생)의 생일이 며칠이야?

Sinh nhật của em là ngày bao nhiêu?

_____

_____

4 **Thứ sáu tuần này là ngày bao nhiêu?**
이번 주 금요일이 며칠이에요?

Thứ sáu tuần này là ngày bao nhiêu?

_____

_____

1 Năm nay anh bao nhiêu tuổi?
올해 당신(형/오빠)은 몇 살이에요?

Năm nay anh bao nhiêu tuổi?
_____

_____

2 Năm nay chị bao nhiêu tuổi?
올해 당신(누나/언니)은 몇 살이에요?

Năm nay chị bao nhiêu tuổi?
_____

_____

3 Em bao nhiêu tuổi? 너(동생)는 몇 살이야?

Em bao nhiêu tuổi?
_____

_____

4 Ông giám đốc bao nhiêu tuổi? 사장님은 몇 살이에요?

Ông giám đốc bao nhiêu tuổi?
_____

_____

38 이것은 얼마인가요?

1 **Cái này bao nhiêu tiền?** 이것은 얼마인가요?

Cái này bao nhiêu tiền?

_____

_____

2 **Quả cam này bao nhiêu tiền?** 이 오렌지는 얼마인가요?

Quả cam này bao nhiêu tiền?

_____

_____

3 **Quyển sách này bao nhiêu tiền?** 이 책은 얼마인가요?

Quyển sách này bao nhiêu tiền?

_____

_____

4 **Cái áo này bao nhiêu tiền?** 이 옷은 얼마인가요?

Cái áo này bao nhiêu tiền?

_____

_____

39 누가 한국 사람이에요?

1 Ai là người Hàn Quốc? 누가 한국 사람입니까?

Ai là người Hàn Quốc?

_____

_____

2 Ai làm việc này? 누가 이 일을 하나요?

Ai làm việc này?

_____

_____

3 Ai là bố em? 누가 너(동생)의 아버지시니?

Ai là bố em?

_____

_____

4 Ai là Se-ho? 누가 세호예요?

Ai là Se-ho?

_____

_____

40 이 책은 어때?

1 **Quyển sách này thế nào?** 이 책은 어때?

Quyển sách này thế nào?

_____

_____

2 **Hôm nay thời tiết thế nào?** 오늘 날씨가 어때?

Hôm nay thời tiết thế nào?

_____

_____

3 **Cái bút này thế nào?** 이 펜은 어때?

Cái bút này thế nào?

_____

_____

4 **Bố mẹ của em thế nào?**
너(동생)의 부모님은 어떠시니?(건강하시니?)

Bố mẹ của em thế nào?

_____

_____

41 화장실은 어디인가요?

1 **Phòng vệ sinh ở đâu?** 화장실은 어디인가요?

Phòng vệ sinh ở đâu?

_____

_____

2 **Ga Seoul ở đâu?** 서울역은 어디인가요?

Ga Seoul ở đâu?

_____

_____

3 **Sân bay Nội Bài ở đâu?** 노이 바이 공항은 어디인가요?

Sân bay Nội Bài ở đâu?

_____

_____

4 **Khách sạn ABC ở đâu?** ABC 호텔은 어디인가요?

Khách sạn ABC ở đâu?

_____

_____

1 Chị làm nghề gì? 당신(누나/언니)은 직업이 무엇인가요?

Chị làm nghề gì?

---

2 Anh làm nghề gì? 당신(형/오빠)은 직업이 무엇인가요?

Anh làm nghề gì?

---

3 Em làm nghề gì? 너(동생)는 직업이 뭐야?

Em làm nghề gì?

---

4 Chị Thảo làm nghề gì? 타오 누나/언니는 직업이 무엇인가요?

Chị Thảo làm nghề gì?

---

43 당신의 생일은 언제인가요?

❶ Sinh nhật của chị là ngày nào?
당신(누나/언니)의 생일은 언제인가요?

Sinh nhật của chị là ngày nào?

---

❷ Tết Trung thu là ngày nào? 중추절은 언제인가요?

Tết Trung thu là ngày nào?

---

❸ Ngày về nước là ngày nào? 귀국하는 날은 언제인가요?

Ngày về nước là ngày nào?

---

❹ Ngày Quốc khánh Việt Nam là ngày nào?
베트남 국경일은 언제인가요?

Ngày Quốc khánh Việt Nam là ngày nào?

44 당신은 어떤 색을 가장 좋아해요?

1 **Anh thích màu nào nhất?** 당신(형/오빠)은 어떤 색을 가장 좋아해요?

Anh thích màu nào nhất?

_____

_____

2 **Chị thích mùa nào nhất?**

당신(누나/언니)은 어떤 계절을 가장 좋아해요?

Chị thích mùa nào nhất?

_____

_____

3 **Anh thích môn học nào nhất?**

당신(형/오빠)은 어떤 과목을 가장 좋아해요?

Anh thích môn học nào nhất?

_____

_____

4 **Anh thích số nào nhất?**

당신(형/오빠)은 어떤 숫자를 가장 좋아해요?

Anh thích số nào nhất?

_____

_____

45 너는 얼마 동안 베트남에 있니?

1 **Em sẽ ở Việt Nam trong bao lâu?**
너(동생)는 얼마 동안 베트남에 있을 거니?

Em sẽ ở Việt Nam trong bao lâu?

_____

_____

2 **Chị sẽ làm việc ở đây trong bao lâu?**
당신(누나/언니)은 얼마 동안 이곳에서 일할 거예요?

Chị sẽ làm việc ở đây trong bao lâu?

_____

_____

3 **Anh sẽ sống ở Hàn Quốc trong bao lâu?**
당신(형/오빠)는 얼마 동안 한국에서 살 거예요?

Anh sẽ sống ở Hàn Quốc trong bao lâu?

_____

_____

4 **Em đã học tiếng Việt trong bao lâu?**
너(동생)는 얼마 동안 베트남어를 공부했니?

Em đã học tiếng Việt trong bao lâu?

_____

_____

46 언제 베트남에 가요?

1 Khi nào chị (sẽ) đi Việt Nam?
언제 당신(누나/언니)은 베트남에 가요?

Khi nào chị (sẽ) đi Việt Nam?

_____

_____

2 Khi nào anh đi du lịch? 언제 당신(형/오빠)은 여행을 가요?

Khi nào anh đi du lịch?

_____

_____

3 Khi nào anh đi du lịch Mĩ?
언제 당신(형/오빠)은 미국으로 여행 가요?

Khi nào anh đi du lịch Mĩ?

_____

_____

4 Khi nào chị về nước? 언제 당신(누나/언니)은 귀국해요?

Khi nào chị về nước?

_____

_____

47 당신은 아침 식사를 했어요?

① Anh đã ăn sáng chưa? 당신(형/오빠)은 아침 식사를 했어요?

Anh đã ăn sáng chưa?

---

② Anh đã gặp ông giám đốc chưa?
당신(형/오빠)은 사장님을 만났어요?

Anh đã gặp ông giám đốc chưa?

---

③ Chị đã lập gia đình chưa? 당신(누나/언니)은 결혼했어요?

Chị đã lập gia đình chưa?

---

④ Em đã sửa xe chưa? 너(동생)는 차를 수리했어?

Em đã sửa xe chưa?

---

1 **Từ đây đến hồ Hoàn Kiếm bao xa?**

여기서 호안 끼엠 호수까지 얼마나 먼가요?

Từ đây đến hồ Hoàn Kiếm bao xa?

_____

_____

2 **Từ đây đến đó bao xa?** 여기서 거기까지 얼마나 먼가요?

Từ đây đến đó bao xa?

_____

_____

3 **Từ nhà em đến công ti bao xa?**

너(동생)의 집에서 회사까지 얼마나 머니?

Từ nhà em đến công ti bao xa?

_____

_____

4 **Từ Việt Nam đến Hàn Quốc bao xa?**

베트남에서 한국까지 얼마나 먼가요?

Từ Việt Nam đến Hàn Quốc bao xa?

_____

_____

49 제가 입어 봐도 될까요?

1 **Em mặc thử được không?** 제(동생)가 입어 봐도 될까요?

Em mặc thử được không?

_____

_____

2 **Em ăn thử món này được không?**
제(동생)가 이 음식을 먹어봐도 될까요?

Em ăn thử món này được không?

_____

_____

3 **Em hỏi đường một chút được không?**
제(동생)가 잠시 길을 물어도 될까요?

Em hỏi đường một chút được không?

_____

_____

4 **Em đi cùng với anh được không?**
제(동생)가 당신(형/오빠)과 함께 가도 될까요?

Em đi cùng với anh được không?

_____

_____

50 왜 당신은 일하러 가지 않나요?

1 **Vì sao anh không đi làm?** 왜 당신(형/오빠)은 일하러 가지 않나요?

Vì sao anh không đi làm?

_____

_____

2 **Vì sao anh thích bóng đá?**
왜 당신(형/오빠)은 축구를 좋아해요?

Vì sao anh thích bóng đá?

_____

_____

3 **Vì sao chị không đi gặp bác sĩ?**
왜 당신(누나/언니)은 의사를 만나러 가지 않나요?

Vì sao chị không đi gặp bác sĩ?

_____

_____

4 **Vì sao em học tiếng Việt?** 왜 너(동생)는 베트남어 공부하니?

Vì sao em học tiếng Việt?

_____

_____

memo